HEIMAT SCHLESIEN
Sudetenvorland

Heinrich Trierenberg

HEIMAT SCHLESIEN

Sudetenvorland

Von Görlitz bis Neisse

Heinrich Trierenberg

HEIMAT SCHLESIEN

Sudetenvorland

Von Görlitz bis Neisse

Mit 216 historischen Großfotos

FLECHSIG

Umwelthinweis:
Dieses Buch und der Umschlag wurden auf chlorfrei
gebleichtem Papier gedruckt.
Die Einschrumpffolie – zum Schutz vor Verschmutzung –
ist aus umweltverträglichem und recyclingfähigem PE-Material.

Titelbild: Peterskirche in Görlitz
Illustrationen von Heinz Georg Podehl

Sonderausgabe für Flechsig-Buchvertrieb
Genehmigte Lizenzausgabe für Verlagshaus Würzburg GmbH & Co. KG, Würzburg

Originalausgabe: Adam Kraft Verlag, Würzburg
Gesamtherstellung: Egedsa, Sabadell
Printed in Spain 2000
ISBN 3-88189-351-2

AN MEINEN BRUDER

Gedenkst du noch des Gartens
Und Schlosses über'm Wald,
Des träumenden Erwartens:
Ob's denn nicht Frühling bald?

Der Spielmann war gekommen,
Der jeden Lenz singt aus,
Er hat uns mitgenommen
Ins blüh'nde Land hinaus.

Wie sind wir doch im Wandern
Seitdem so weit zerstreut!
Fragt einer nach dem andern,
Doch niemand gibt Bescheid.

Nun steht das Schloß versunken
Im Abendrote tief,
Als ob dort traumestrunken
Der alte Spielmann schlief.

Gestorben sind die Lieben,
Das ist schon lange her,
Die wen'gen, die geblieben,
Sie kennen uns nicht mehr.

Und fremde Leute gehen
Im Garten vor dem Haus –
Doch über'n Garten sehen
Nach uns die Wipfel aus.

Doch rauscht der Wald im Grunde
Fort durch die Einsamkeit
Und gibt noch immer Kunde
Von unserer Jugendzeit.

Bald mächt'ger und bald leise
In jeder guten Stund'
Geht diese Waldesweise
Mir durch der Seele Grund.

Und stamm'l ich auch nur bange,
Ich sing' es, weil ich muß,
Du hörst doch in dem Klange
Den alten Heimatgruß.

Joseph von Eichendorff

NOCH SPRICHT DAS LAND!

Seit dem letzten Jahrzehnt suchen viele Schlesier das Land ihrer Jugend auf, oftmals mit ihren aus dem Westen stammenden Ehepartnern und den dort geborenen Kindern oder Enkeln. Auch für jüngere Westdeutsche ist eine Reise nach Schlesien aufschlußreich. Wer das Land wiedersieht oder neu kennenlernt, ist auf weitgehende Veränderungen gegenüber Erinnerungsbildern aus der Vorkriegszeit gefaßt, denn das durch ältere Ansichten überlieferte Landschafts- und Siedlungsbild hat sich auch im Westen oft bis zur Unkenntlichkeit gewandelt. Schon im vorigen Jahrhundert war die herkömmliche Struktur der Städte der Industrialisierung, dem Verkehr und der Zersiedelung zum Opfer gefallen.

In Westdeutschland schritt diese Entwicklung in den letzten Jahrzehnten rasch weiter. In den Städten hat sich nicht nur der Wiederaufbau zerstörter Viertel nach dem Kriege verändernd ausgewirkt, oftmals haben vom Fortschrittsglauben inspirierte Neubauvorhaben noch rücksichtsloser historische Stadtkerne vernichtet. Selbst auf dem Lande hat sich infolge der stärkeren Siedlungsdichte weit und breit das Erscheinungsbild der Dörfer und Fluren nachhaltig verändert. In Jahrhunderten organisch gewachsene Ortsbilder wurden zuweilen abschreckend umgeformt.

Für die nachwachsenden Generationen sind damit die Zusammenhänge von überkommener Landschaftsgestaltung, ländlichen Siedlungsformen und städtischen Ortsbildern mit der Sozial- und Kulturgeschichte vergangener Geschichtsepochen kaum noch nachvollziehbar.

Wer daher heute als Westdeutscher nach Schlesien reist, ist überrascht. Abseits der industriellen Ballungsräume scheint die Zeit stehengeblieben, wenn nicht gar rückschrittlich verlaufen zu sein. Zunächst stellen wir fest: Die Physiognomie des Landes hat sich in den Städten bereits weitgehend den neuen Bewohnern angepaßt, die vor einem Menschenalter aus Gebieten mit ganz anderen Lebensgewohnheiten und Kulturtraditionen in das Land umgesiedelt wurden, aus dem man die Deutschen vertrieben hatte; aber nach und nach findet der aufmerksame Besucher in kleineren Städten und Dörfern, ebenso im Landschaftsbild eine Vielzahl von Anknüpfungspunkten an unser Geschichtsbild – allerdings in einer Auslegung, die vom polnischen Standort aus die Prägung des Landes durch seine frühere deutsche Bevölkerung weitgehend bewußt verschweigt. Neuerdings gibt es bei polnischen Intellektuellen Stimmen, welche ein Überdenken der bisher eingenommenen Positionen einleiten könnten (vgl. „Der Mythos vom deutschen ‚Drang nach Osten' ist unsere Ausflucht – Polen und Deutsche. Das Verhältnis muß einmal von Lügen gereinigt werden" von Jan Jozef Lipski, Übersetzung Freiherr von Rosen, FAZ Nr. 264, Seite 17, vom 13. XI. 1981).

Wenn hier im Westen historische Bauten und Kunstdenkmäler intensiv gepflegt werden, fügen sie sich ziemlich nahtlos in den Rahmen der Umwelt und in das von einer breiten Bevölkerungsschicht getragene Kulturbewußtsein ein.

In Schlesien ist das anders! Dort leben nicht mehr die Menschen, die das Land jahrhundertelang gestalteten. Die Masse der neuen Bevölkerung hatte zunächst zu den übernommenen Kulturwerten keinerlei Beziehung. Für sie ging es unter schwierigen Umständen nach dem Krieg ums Überleben in einer fremden Umgebung.

Dementsprechend lebte man zunächst von der Substanz und vernachlässigte die häufig unversehrt übernommenen, häufiger aber bei Kriegsende beschädigten Bauten. Manche fielen den Ausplünderungen, „Devastierungen", wie man es dort nennt, anheim. Erst allmählich gelang es der interessierten Oberschicht, das Bewußtsein für die traditionsreichen Bauten und Kunstwerke zu wecken und Mittel zu ihrer Erhaltung und Wiederherstellung bereitzuhalten. Nach und nach gab der polnische Staat – gemessen an den wirtschaftlichen Engpässen – viel Geld aus, um die Marktplätze der schlesischen Städte mit ihren aus verschiedenen Epochen stammenden

Bürger- und Ratshäusern wiederherzustellen bzw. zu erhalten. Welche Anstrengungen das gekostet haben mag, bemerkt der Besucher bei einem Blick in die Nebenstraßen und in das weitere Umfeld der Stadtzentren. Was er dort – natürlich mit Ausnahmen – sieht, erschreckt und eignet sich weniger für Fotos. Aus dem Rahmen fallen die Kirchenbauten. Für sie werden – meist ohne staatliche Hilfe – von den Gemeinden die Mittel für eine kontinuierliche Baupflege aufgebracht, in besonderen Fällen verstärkt durch Hilfen aus Westeuropa, speziell aus Westdeutschland, gelegentlich auch aus der DDR.

Bevorzugt scheint sich die staatliche Baupflege den Orten zuzuwenden, die sich nach polnischem Geschichtsbewußtsein mit der frühmittelalterlichen Historie der Herrscher aus den zahlreichen Piastenhäusern in Verbindung bringen lassen, obwohl das nach sicheren Quellen keinen Maßstab für polnische Kultureinflüsse bedeutet. Generationenlange Einheirat deutscher Fürstentöchter, begleitet von der staatsrechtlichen Lösung vom polnischen Königreich, und schließlich der starke Zustrom deutscher Siedler brachten die langsame Zuwendung zum deutschen Kulturkreis um die Mitte des 14. Jh. zum Abschluß.

Aus vielen Herkunftsgebieten der Einwanderer und der zahlenmäßig schwachen slawischen Bevölkerung bildete sich der schlesische Neustamm, dessen Kultur eindeutig deutsch geprägt war, wie sich aus zahlreichen Urkunden nachweisen läßt. Daß die Nachkommen der alteingesessenen Slawen, die sich an der Nordgrenze Schlesiens und in Teilen Oberschlesiens noch lange behaupten konnten, 1945–1947 mit allen Schlesiern das Schicksal der Vertreibung teilen mußten, ist eine besonders tragische Folge der Entwicklung zum völkertrennenden Nationalismus. Ihn zu überwinden, das erfordert Anstrengungen auf beiden Seiten. Deutsche wie Polen sind hierzu gefordert, wenn sie aus der Geschichte lernen wollen!

Daß die sich im vorliegenden Bildband wiederspiegelnde Optik eines Schlesiers, der die Heimat auf den Spuren unserer

Ebersdorf Kreis Habelschwerdt

Vorfahren bereist, eine andere ist als die derzeit polnische Sicht, liegt an dem unterschiedlichen Selbstverständnis beider Völker und sollte einem Brückenschlag von Volk zu Volk und Mensch zu Mensch nicht im Wege stehen.

EIN LAND

Ein Blick auf die Karte zeigt uns Schlesien wie ein wohlgegliedertes Eichenblatt. Die Oder ist die Mittelrippe, ihre vielen Nebenflüsse bilden die Seitenadern. Zwischen Sachsen, Brandenburg, Polen und der Tschechoslowakei gelegen, hat dieses Land eigentlich zwei Achsen seiner Entwicklung: den Strom der Ebene und den langen Zug der Sudeten im Süden. Schlesien empfing von Lage und Natur seine Aufgabe: Grenzland zu sein, aber nicht Bollwerk, die Brücke zu bilden nach Osten und Westen und als Bindeglied das norddeutsche

Tiefland in das ostmitteleuropäische Gebirgsland überzuleiten.
Vermittlung und Austausch, das war und ist die Bestimmung Schlesiens, in dem sich Norden und Süden, Westen und Osten, Germanen, Slawen und Deutsche die Hand reichten. Diese Begegnung der Nachbarvölker leitete vor mehr als sieben Jahrhunderten eine Entwicklung ein, die im Laufe einer wechselhaften Geschichte in Schlesien zu mannigfachen menschlichen Begegnungen und kulturellen Verknüpfungen führte. Sie reichte in den Randzonen – wie überall in Europa – bis hin zur Verschmelzung beider Volkstümer. Davon zeugen bis in die Gegenwart die vielen polnischen Familiennamen im deutschen und die deutschen Familiennamen im polnischen Sprachbereich, das beweisen zahlreiche Lehnwörter, die von der einen in die andere Sprache übernommen wurden. Das oberschlesische Platt, landläufig „Wasserpolnisch" genannt, verkörpert in verschiedenen Abstufungen eine sich seit dem Mittelalter entwickelnde Mischung polnisch-mährisch-deutscher Grenzdialekte.
Aus der im Norden und Osten sehr unterschiedlichen Verschmelzung slawischer Urbevölkerung und deutscher Einwanderer hebt sich das gesamte Sudetenvorland deutlich heraus, weil dort die mittelalterliche Einwanderung – ähnlich im oberschlesischen Waldgebiet – kaum auf Slawen stieß und unberührtes Neuland der Kultur erschloß.
Mit dem vorliegenden Bildwerk wollen wir, den Spuren der Siedlungsgeschichte folgend, das Sudetenvorland von der Görlitzer zur Glatzer Neiße bereisen. Nicht nur geschichtlich, auch von der Landeskunde her weisen Gebirge und Gebirgsvorland starke gemeinsame Züge auf: Vom Bau der Landschaft umfassen beide zwei Stufen einer Treppe; die dritte Stufe verkörpert die Oderniederung.
Die höchste Stufe bilden die Sudeten, ein Gesamtname, der von Melanchthon stammt. Im Volksmund kannte man die Gebirge nur nach ihren einzelnen Teilen: als Isergebirge, Riesengebirge, Bober-Katzbach-Gebirge, Waldenburger Bergland, Eulengebirge, Glatzer Bergland bis zum jenseits der preußischen Grenze gelegenen Altvatergebirge. Die Glatzer Kessellandschaft wird umschlossen vom Heuscheuergebirge, Adlergebirge, Habelschwerdter Gebirge, Glatzer Schneegebirge, Reichensteiner Gebirge. Ein großer Randbruch scheidet die Gebirge vom Vorland. In ihm finden wir nicht mehr die langgestreckten Höhenzüge, sondern inselartig erheben sich aus der Hügellandschaft einzelne Berge (Gröditzberg bei Goldberg, Zobten vor Breslau) oder Berggruppen (Striegauer Berge, Rummelsberge bei Strehlen u. a.) heraus. Das Vorgebirge wird durchschnitten von den Nebenflüssen der Oder mit ihren Seitenarmen. Man brachte sie uns auf der – jetzt verpönten – (Lern) Schule bei. Noch können wir die Nebenflüsse, wie sie von Westen aus den Sudeten fließen, wie „am Schnürchen" aufsagen:

Oppa, Zinna, Hotzenplotz,
Glatzer Neiße, Ohle, Lohe,
Weistritz, Katzbach, Bober mit dem Queis
und die Lausitzer Neiß'!

IM DÄMMERLICHT DER VORGESCHICHTE

Bis Christi Geburt gibt es so gut wie keine ausreichenden schriftlichen Quellen über die Besiedlung Schlesiens, deren Herkunft und Kulturen. Aus Gräberfunden kann als wissenschaftlich gesichert gelten, daß im 4. Jh. vor Chr. Kelten nach Schlesien einwanderten und ihre hohe Kultur mit technischen Neuerungen mitbrachten. Dazu gehören eine gewisse Gebietsorganisation und stadtähnliche „oppida". Eine davon wird um den Zobten vermutet, dessen Gipfel die Kelten als Kultstätte ausgestaltet haben. Bereits um 100 v. Chr. wurden sie von den Wanderbewegungen der Ostgermanen nach Süden gedrängt. In Schlesien setzten sich nach antiken Quellen die Lugier fest, die später den Namen Vandalen übernah-

men. Von diesen war es wiederum der Stamm der Silinger, der bis zur Völkerwanderung in Schlesien ansässig blieb. Sein Heiligtum auf dem Zobten ist bezeugt. Unter den Auswirkungen des Einbruchs der Hunnen um 375 n. Chr. schloß sich ein Teil der Silinger den damals westwärts ziehenden asdingischen Vandalen an.
Manches spricht dafür, daß nicht alle germanischen Bewohner aus Schlesien abgezogen waren, als seit Mitte des 6. Jh. n. Chr. Slawen in das Land einsickerten. Zu den geographischen Namen, die diese Tatsache bezeugen, gehört der Name des Zobtenberges. Er wird noch im 12./13. Jh. als „mons silencii" und „Slenz" überliefert. Der Name hat sich über den heidnischen Kultberg Schlesiens auf den Slawenstamm der „Slensane" und von diesem auf das Land Schlesien übertragen.

Alt Gersdorf Kreis Habelschwerdt

ZWISCHEN BÖHMEN, POLEN UND DEM DEUTSCHEN REICH

Schlesien tritt in das Licht schriftlicher Geschichtsquellen, als der Böhmenherzog Vratislav (894–921) zu Beginn des 10. Jh. die böhmischen und mährischen Gebiete unter seiner Herrschaft vereinigt und sie bis zur Oder ausdehnt. Nach deutscher Geschichtsdarstellung wurde Breslau von ihm als Grenzfeste gegründet. Auf seinen Sohn Boleslav geht der Name Bunzlau (Boleslavia) zurück. Gegen seinen Nachfolger Boleslaus II. drang um 990 von Norden Misika I., der Begründer des polnischen Piastenreiches, nach Schlesien vor und brachte das Land in seine Hand. Die polnische Herrschaft festigte sich, als im Jahre 1000 der deutsche Kaiser Otto III. das Erzbistum Gnesen gründete. Durch die Einrichtung einer selbständigen polnischen Kirchenprovinz trug er den neuen Grenzen des polnischen Staates Rechnung. Er unterstellte Breslau als Suffraganbistum dem neugegründeten Erzbistum.

In den folgenden zwei Jahrhunderten kommt es wiederholt zu kriegerischen Auseinandersetzungen zwischen Polen und Böhmen, u.a. auch um den Besitz Schlesiens. Mehrfach werden die deutschen Kaiser angerufen und veranlaßt einzugreifen, so Heinrich II., dessen Heere Glogau und Nimptsch belagern, wie sein Biograph Thietmar von Merseburg berichtet; ebenso Heinrich III., der 1054 in Quedlinburg zwischen Polen und Böhmen einen Frieden vermittelt.
Schließlich ergreift Kaiser Friedrich I. Barbarossa Partei für Wladislaus II., den Stammvater der inzwischen selbständig gewordenen schlesischen Piasten. Von seinen Vettern aus Schlesien vertrieben, hatte er 1146 bei dem deutschen König Konrad III. Zuflucht gefunden. 17 Jahre später setzt sein Nachfolger Friedrich I. gegenüber dem polnischen König Boleslaus IV. die Rückkehr der drei Söhne des Wladislaus in

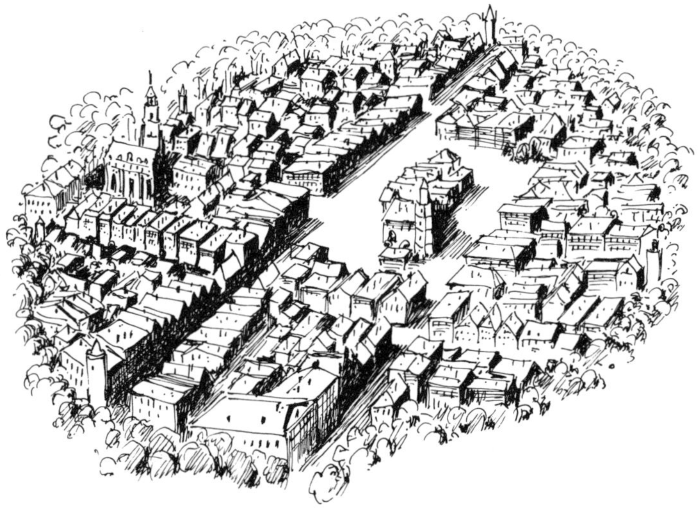

Patschkau

ihr schlesisches Erbe durch. Von ihnen erhält Boleslaus der Lange bei einer später vorgenommenen Teilung den größten Teil Schlesiens mit den Kastellaneien Breslau, Liegnitz und Oppeln und vererbt das Land an seinen Sohn Heinrich I., den Gemahl der später heilig gesprochenen deutschen Fürstentochter Hedwig von Andechs und Meran.
Unter ihm und unter seinen Nachfolgern als Herzögen von Schlesien schreitet die Herauslösung des Landes aus dem polnischen Staatsverband fort (vgl. G. Rohde, Kleine Geschichte Polens, Darmstadt, 2. Aufl. 1980). Sie wird endgültig, als 1311 das deutsche Geschlecht der Luxemburger in Prag die Krone Böhmens erlangt. Die schlesischen Herzogtümer, durch Erbteilungen inzwischen auf 17 angewachsen, suchen Anschluß und Schutz bei einem größeren Staat. 1327 bis 1368 unterstellen sie sich in kurzer Folge der Krone Böhmens und nehmen ihr Land von König Johann zu Lehen. 1335 verzichtet König Kasimir der Große von Polen im Vertrag von Trentschin auf die unter böhmische Lehnshoheit oder unter unmittelbare böhmische Landesherrschaft gestellten schlesischen Gebiete. Sein Sohn und Nachfolger König Ludwig bestätigt 1372 diesen Verzicht auf alle schlesischen Herzogtümer. Hiermit wird staats- und völkerrechtlich eine Entwicklung abgeschlossen, die binnen 150 Jahren volkstumsmäßig Schlesien zu einem überwiegend deutschen Land gemacht hatte.
Diese dynastische und territoriale Geschichtsdarstellung bedarf in erheblichem Maße einer Ergänzung durch die wirtschaftlichen, gesellschaftlichen und sozialen Geschehnisse, die der politischen Entwicklung im 14. Jh. zum Teil weit vorausgeeilt waren.

KAUFLEUTE UND MÖNCHE EBNEN DEN WEG

Fast ununterbrochen waren die schlesischen Piastenfürsten in Erb- und Bruderstreitigkeiten verwickelt. Deshalb konnten sie keine staatenbildende Kraft entfalten. Einer unter ihnen aber ragt weit heraus: Herzog Heinrich I. (1202–1238). Er war es, der, unterstützt von seiner Gemahlin Hedwig von Andechs und Meran, sein Land dem Westen öffnete. Nationale Gesichtspunkte spielten in seiner Zeit überhaupt keine Rolle, es ging ihm allein um die wirtschaftliche Hebung seines Landes. Die von den alten deutschen Reichsgrenzen vorgetragene Ostsiedlung hatte im Jahre 1200 erst die Linie Schwerin–Spandau–Dresden erreicht. Heinrich I. zog als erster slawischer Fürst außerhalb des Reiches durch eigene Initiative und Förderungsmaßnahmen einen Siedlerstrom als Massenbewegung in sein bis dahin sehr dünn besiedeltes Land. Zuvor hatten seit längerem deutsche Kaufleute durch Wander- und Meßhandel die Wege nach Osten erkundet und geebnet. An Handelsplätzen, an Flußübergängen hatten sie allmählich Fuß gefaßt; meist waren es die Kastellaneisitze als polnische Verwaltungszentren, an denen sich im Schutze von

Gauburgen Handel und Verkehr konzentrierten. Ihnen folgten um 1200 die ersten Bauernsiedlungen.

Den Auftakt gab Heinrichs Vater, Herzog Boleslaus der Lange. Er holte 1175 durch Stiftungsbrief Mönche aus Pforta an der Saale ins Land und übergab ihnen Leubus, ein bereits bestehendes, unbedeutendes polnisches Benediktinerkloster. Er stattete es reichlich mit Besitz aus und erlaubte den Mönchen, unter seinem landesherrlichen Schutz auf den Klostergütern Deutsche anzusiedeln. Seit Beginn des 13. Jh. vergrößerte das Kloster seinen Besitz in verschiedenen Teilen Schlesiens und leitete dort eine rege Siedlungstätigkeit ein. Heinrich I. machte sich diese Erfahrungen zunutze.

HERZOG HEINRICH RUFT DIE SIEDLER INS LAND

Durch die siebzehnjährige Verbannung von Heinrichs Großvater Wladislaus in Thüringen und die engen Beziehungen, die Heinrichs Mutter Adelheid von Sulzbach (Thüringen) und seine Gemahlin Hedwig von Andechs zu maßgebenden Kreisen im Deutschen Reich unterhielten, wurde die Kunde vom Fortschritt aller Lebensverhältnisse im viel dichter besiedelten deutschen Westen in Schlesien verbreitet. Die Erschließung des nach polnischem Recht dem Herzog gehörenden breiten Waldgürtels an der Südgrenze gegen Böhmen, Przeka oder Hag genannt, bot sich an. Indem er ihn zur Rodung freigab, lockte Heinrich massenweise Einwanderer an. Sie kamen vorwiegend aus Franken, Thüringen und Hessen. Die erste Siedlungswelle führte in kurzer Zeit zur Gründung der Waldhufendörfer und Städte vom Queis bis zum Neisser Land.

Den Antrieb zur Gründung der ersten Städte Goldberg und Löwenberg gaben die Erzvorkommen. Heinrich holte aus dem Harz und dem Meißenischen Erzgebirge deutsche Bergknappen. Bald wurden sie im Bober-Katzbach-Gebirge fündig.

Weil die Deutschen den Bergbau als einen voll spezialisierten Wirtschaftszweig betrieben, bedurfte er der Ergänzung durch die Landwirtschaft. Die Bauern folgten, um das Land urbar zu machen. Die kaufkräftigen Bergleute zogen Kaufleute nach.

Wie der Herzog den Siedlungsvorgang steuerte, ist aus den Gründungsurkunden deutlich abzulesen. Am Beispiel des Weichbildes der ersten Städte entwickelte sich die Hand in Hand gehende Dorf- und Stadtgründung nach genauem Plan. Er ist typisch für die schlesische Siedlungsgeschichte und ermöglichte eine Massenbewegung, die in wenigen Jahrzehnten das gesamte Sudetenvorland bevölkerte.

WALDHUFEN- UND STRASSENDÖRFER

Noch heute erkennen wir aus dem Siedlungsbild die planmäßige und großzügige Anlage der Dörfer. Der Herzog über-

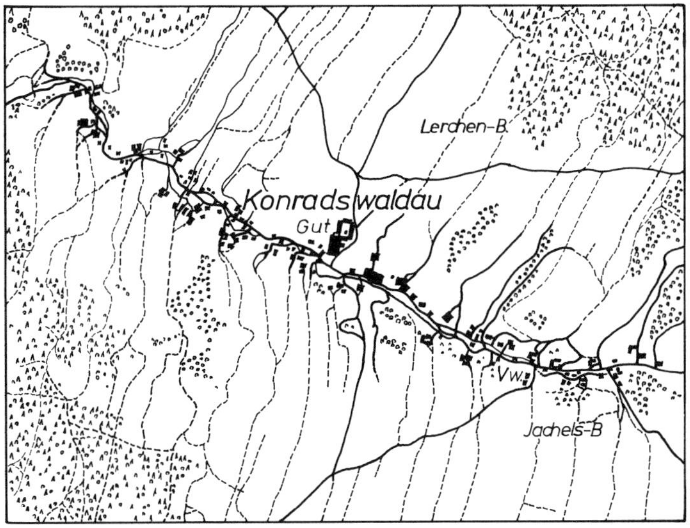

Waldhufendorf

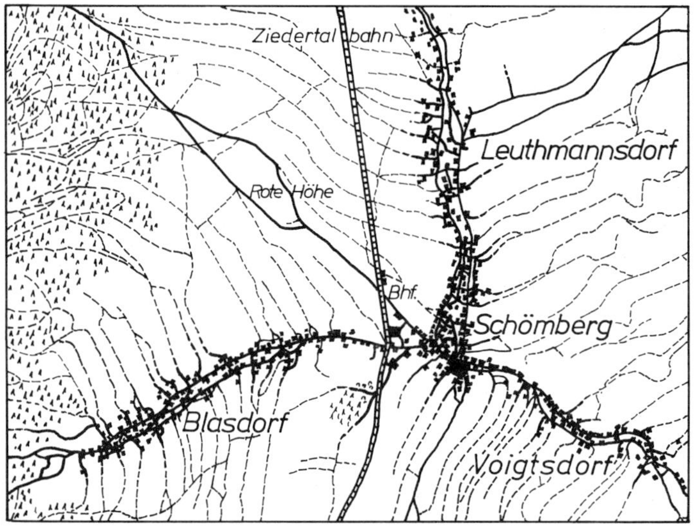

Kleinstadt mit Weichbilddörfern

trug die Gründung eines Dorfes und die Ansetzung der Bauern jeweils einem selbständigen Unternehmer, dem Lokator. Für die slawische Zeit lassen sich keine freien bäuerlichen Landeigentümer nachweisen. Erst seit dem Einströmen der Deutschen wurden die Bauern zu Erbleihe angesiedelt. Sie erhielten ein festes Recht auf ihre Stellen und konnten nicht gegen ihren Willen aufgekauft werden.

Auf Grund der zahlreich erhaltenen Lokationsurkunden des Herzogs oder der von ihm hierzu ermächtigten Grundherren – vor allem der Kirche – sind die Ansiedlungsbedingungen bekannt: Der Bauer erhielt mit einer Hufe eine genügende Lebensgrundlage für seine Familie. Im Rodungsland galt das Maß der fränkischen Hufe, das waren bei 100 m Straßenanteil mit anschließender Feldflur je Gehöft 25 ha; im Altsiedlungsland der Oderebene wurde die flämische Hufe (16,8 ha) zugeteilt. Die Hufe blieb im Obereigentum des Grundherrn, doch persönlich war der nach deutschem Recht angesetzte Bauer frei. Nach einer gewissen Zahl von Freijahren hatte er einen feststehenden Zins in Form von Getreide oder Geld abzuliefern, während für den polnischen Bauern bislang verschiedene Abgaben und Dienste von Fall zu Fall willkürlich gestgesetzt werden konnten. An die Stelle der slawischen Feldgraswirtschaft trat die deutsche Dreifelderwirtschaft mit festem Wechsel von Winterfeld, Sommerfeld und Brache. Zusammen mit dem eisernen Pflug, den die Siedler aus ihrer Heimat mitbrachten, bewirkte sie eine erhebliche Ertragssteigerung.

Ein Waldhufendorf umfaßte im allgemeinen 50, bei günstigerer Lage 100 Hufen. Man erkennt es noch an der kilometerlangen Ausdehnung entlang der Täler, während sich im sogenannten Altsiedlungsland der Ebene der damals gewählte Grundriß des Straßen- oder Angerdorfes erhalten hat.

HERRENSITZE UND RITTERGÜTER

Dem unbefangenen Besucher Schlesiens fallen nicht nur die wenig veränderten Siedlungsbilder der Dörfer aus dem Jahrhundert der Landnahme auf, er stößt ebenso auf die Spuren der einstigen Güter mit ihren zum Teil einfachen Herrensitzen oder oft großen und kunstreichen Schlössern. Als anerkannte Kulturdenkmäler werden sie von Polen, wenn irgendeine sinnvolle Nutzung als Schule, Internat, Behörde oder Institut möglich ist, erhalten, doch in der Mehrzahl sind sie 1945 durch Brandstiftung ausgebrannt und danach dem Verfall preisgegeben worden. Im Landbau leben die großen Wirtschaftseinheiten, sofern sie nicht aufgesiedelt wurden, als landwirtschaftliche Staatsbetriebe fort. Häufig fehlt es an den notwendigen Finanzmitteln, um einem Substanzverfall der Wirtschaftsgebäude der ehemaligen Güter zu steuern. Interessant ist, wie es im Mittelalter in dem neubesiedelten Bauernland zur Bildung der großen Güter kam. „Die Entstehung des Rittergutes“, sagt Hermann Aubin, einst namhafter Kulturhistoriker an der Universität Breslau, „ist nach der deutschen Kolonisation und vor der modernen Industrialisierung der bedeutendste wirtschaftliche Vorgang in der Geschichte Schlesiens" (Geschichte Schlesiens, Band I). Vielfältig sind die Ursachen dieses dem ganzen deutschen Osten gemeinsamen Strukturwandels, der in Schlesien nie das Ausmaß wie in Pommern, Ostbrandenburg, Ost- und Westpreußen erreichte. Auch in Schlesien hatte die überwiegende Zahl von Dörfern ihre „Herrschaft", manches deren zwei; doch gab es in der Ebene und noch mehr im Gebirgsvorland reine Bauerndörfer. Keineswegs waren die Güter von Anbeginn oder auch später ausschließlich Adelssitze, wenngleich der Adel als Ritterstand in gleichem Maße wie die anderen Stände am Vorgang der Landnahme beteiligt war.

Deutsche Ritter kamen – unterschiedlich motiviert – mit den Einwanderern ins Land. Die schlesischen Herzöge belohnten ihre Kriegsdienste mit Landverteilungen, teils zu Eigentum, teils zu Lehen. So entstanden Großhöfe von 3–12 Hufen, die dem Herzog für die Landesverteidigung Panzerreiter und berittene Schützen zu stellen hatten. Ebenso bildeten sich sogenannte Allodien, größere, von vornherein rechtlich herausgehobene Wirtschaften. Sie wurden als Lehn- oder Erbgüter von einem Herrn als Eigenbetrieb oder als Vorwerk von Dienstleuten für ihn bestellt. Der Herr konnte der Geistlichkeit, dem Adel oder dem Bürgertum angehören.

Entscheidend auf die Siedlungsstruktur im Rodeland wirkten sich die Scholzengüter aus, denn die Lokatoren erhielten regelmäßig einen Teil der von ihnen besiedelten Fluren zu eigen, und zwar jede sechste, später jede zehnte Hufe. Ihr Besitz erreichte die ansehnliche Größe von 10, 16 oder 18 Hufen. Hinzu kamen die Sonderrechte: Trift für 100–300 Schafe, unter Umständen die Befugnis, Mühlen, Schenken oder Badstuben anzulegen, außerdem ein Anteil am Hufenzins der Bauern an den Grundherrn. Erhielten sie den vollen Hufzins zugesprochen, wurde der Lokator zum Grundherrn. Als Erbrichter oder Schultheiß bezog er ein Drittel der Gerichtsgefälle. Die Scholzen waren eine eigene Klasse zwischen Adel und Bauern, ein ländlicher Mittelstand, berufen zur Führung des Bauerntums.

GROSSGRUNDBESITZ VERÄNDERT DIE GESELLSCHAFT

Auf Grund ihres wirtschaftlichen Übergewichts vergrößerten die Besitzer ihre Großhöfe im Laufe der Zeit, vor allem in Wirtschaftskrisen, besonders nach dem Dreißigjährigen Krieg. Besetzte man in den ersten Jahrhunderten nach der Besiedlung wüste Höfe wieder mit Bauern, so wurde es Ende des 16. Jh. üblich, wüstes Bauernland zu den herrschaftlichen Vorwerken einzuziehen. Allmählich führte der Erbzins, den der Grundherr bei Neubesetzungen erhöhte, zur Umwandlung des freien Bauern in einen schollengebundenen Untertanen.

Verschiedene Umstände wirkten in diese Richtung. Im altslawischen Siedlungsland – in Teilen Oberschlesiens und im Norden Niederschlesiens – drang die Umsetzung von polnischem Recht zu deutschem Recht nicht überall voll durch. Weitgehende Dienstansprüche des Erbherrn ermöglichten es dort, aus den vorkolonialen Zuständen der polnischen Verfassung manches Dorf in die Abhängigkeit der Gutsherrschaft zu überführen.

Ein weiterer Faktor war der Arbeitskräftebedarf der landwirtschaftlichen Großbetriebe. In der Frühzeit siedelte die Grundherrschaft zur Ergänzung der Knechte und Mägde, von denen wir wenig wissen, Gärtner an für den Gesindedienst. Als diese Arbeitskräfte nicht mehr ausreichten, entwickelte sich aus den ursprünglich geringen Spanndiensten der Erbleihe eine Erbuntertänigkeit der Bauern. Unter den Habsburgern kam mit der gesetzlich verordneten Fesselung des Bauern und Gärtners an die Scholle diese Entwicklung zum Abschluß.

So bildete sich zu Beginn der Neuzeit aus Fronden und

Gesindedienst die Arbeitsverfassung des Rittergutes, wobei in Schlesien das in anderen Ostprovinzen Preußens übliche Bauernlegen meist unterblieb. Dennoch trat im Laufe der Jahrhunderte ein nicht unerheblicher Verlust an Bauernland ein, wenn sich auch das Bauerntum so weit behaupten konnte, daß im Durchschnitt nirgends der von den Gütern bebaute Boden die Anbaufläche der Bauern übertraf. Ihre Selbständigkeit jedoch war, besonders in Oberschlesien, durch die zunehmenden Dienstpflichten so eingeschränkt worden, daß sich die Not im 18. Jahrhundert hier und dort in Unruhen Luft machte.

Auf das ganze Land bezogen lassen sich die Folgen der Gutsherrschaft für die sozialen Verhältnisse nicht allein nach unserem heutigen Verständnis von der Rechtslage her beurteilen. Die Abhängigkeit und Bedrückung wurde im allgemeinen gemildert durch die überlieferte enge Verflechtung, die aus patriarchalischer Gesinnung heraus zwischen dem Gutsbesitzer und seinem Gesinde bestand. Seit dem Zeitalter der Aufklärung, mehr noch nach der Bauernbefreiung, bewirkten nicht rechtliche, aber menschliche Bindungen eine gewisse soziale Absicherung bis hin zur Altersfürsorge für die unselbständige Landbevölkerung. Die Fürsorgepflicht in Notlagen bezog unter Umständen das ganze Dorf ein.

Den sozialstrukturellen Nachteilen der Gutsherrschaft steht wirtschaftlich eine erhebliche Intensivierung der Landwirtschaft durch Hebung der Landeskultur gegenüber. Die zunehmende Bevölkerungsdichte machte Ertragssteigerungen durch Neuerungen notwendig, die nur die großen Güter aufgreifen konnten. Gelegentlich übernahm der Bauer die Verbesserungen.

Der Weizenanbau nahm nach dem Dreißigjährigen Krieg erheblich zu. In der Sommerfrucht trat Gerste an die Stelle des Hafers. Für die Ölgewinnung begann man Raps zu pflanzen. In der Rindviehhaltung übertraf die Wirtschaft der Bauern und Gärtner die der Herrschaftsbetriebe, die mehr Wert auf die Schafhaltung legten. Die schlesische Wolle und das Getreide eroberten sich deutsche Märkte. Der zunehmenden Getreidegroßerzeugung durch die Rittergüter ist zu verdanken, daß im Industriezeitalter Schlesien zu einer der bedeutendsten Kornkammern des Deutschen Reiches aufrückte.

BISCHÖFE, ORDEN UND KLÖSTER WIRKEN MIT

Neben Bauern, Bürgern und dem Adel hatte der geistliche Stand an der wirtschaftlichen Erschließung des Landes beachtlichen Anteil. Die Bischöfe von Breslau wurden im Neisser Land, die Bischöfe von Olmütz in Oberschlesien zu starken Förderern des Siedlungswerkes. Im Neisser Bischofsland leitete der Bischof von Breslau als Landesherr selbst durch Gründung von Städten und Dörfern die Siedlung in die Wege, während in ganz Schlesien der Herzog die Klöster durch Vergabe von Waldland in seine Pläne einbezog. Ein großer Teil der Lokationsurkunden ist von geistlichen Grundherren ausgestellt, wobei freilich ins Gewicht fällt, daß die Klöster besser für die Erhaltung der Urkunden sorgen konnten als die Laien.

Vom Kloster Leubus als Vorreiter war die Rede. Dort faßten die Zisterzienser zum erstenmal den Gedanken, geschulte Ackerbauern aus deutschen Landen zur Hebung der Wirtschaft nach Schlesien zu ziehen. Heinrich I. übergab ihnen hierfür nach und nach 500 Hufen Land um Goldberg und 400 Hufen Land in Lebus an der schlesischen Nordgrenze. Den Klöstern Leubus (gegründet 1175) und Trebnitz (gegründet 1202) folgten im Rodungsland 1210 Kamenz bei Frankenstein, 1227 Heinrichau bei Münsterberg mit Zisterziensern aus Leubus und 1292 Grüssau bei Landeshut als Filialkloster von Heinrichau. Grüssau beherrschte später einen Besitz von 217 qkm und stieg zum Kulturmittelpunkt des Riesengebirges auf, während Heinrichau durch Käufe und Schenkungen

rasch seinen Besitz bis an das Glatzer Land ausdehnen konnte. In Oberschlesien entsprachen ihnen die Zisterzienserklöster Groß Rauden und Himmelwitz.
Die Zisterzienser schufen mit ihren Wirtschaftshöfen Mustergüter für die in Anfängen stehende heimische Landwirtschaft. Die Klöster selbst wirkten als Pflanzstätten der Bildung und Kultur. Eine zweite Blütezeit erlebten sie mit der Gegenreformation; davon zeugen die Klosterbauten und Kirchen des Barock im ganzen Land.

KIRCHTÜRME ALLÜBERALL IM LAND

Wer heute abseits der großen Straßen durch das Land reist, dem weisen die Kirchenbauten aus sieben Jahrhunderten deutscher Kulturgeschichte den Weg. Noch immer reiht sich Kirchdorf an Kirchdorf, im Sudetenvorland als einem gemischt konfessionellen Gebiet sehr oft mit zwei Kirchen. Fast überall gehen nicht nur die katholischen Hauptkirchen der Städte, sondern auch die alten Dorfkirchen auf urkundliche Gründungen aus dem Jahrhundert der Besiedlung zurück. Die Siedler wollten eine Kirche in ihrer Nähe haben, möglichst im eigenen Dorf. So erhielten größere Dörfer in der Regel eine Pfarrkirche. Ihren Bau sahen die Bauern gleich bei Gründung des Dorfes vor. Der Grundherr gab den Bauplatz und auf dem Dorfanger die Landausstattung für die Pfarrei. Häufig geht die Initiative auch vom Grundherrn selbst aus, denn große und kleine Herren legten Wert darauf, an ihrem Wohnsitz eine Kirche zu haben. Sie ließen sie erbauen und statteten sie aus.
Später teilte der Bischof das Land in feste Kirchspiele ein. Allmählich trat das Patronat an die Stelle des Eigenkirchenrechts der Gemeinde. Es war in der Regel mit der Grundherrschaft verbunden und wurde mit ihr veräußert. Wie einst die deutsche Landbevölkerung, so sind nunmehr die polnischen Dorfbewohner als außerordentlich rege Besucher der Gottesdienste und opferbereite Geldgeber stolz auf ihre Kirche.

Alt Waltersdorf Kreis Habelschwerdt

FREIE BÜRGER BAUEN STÄDTE ALS WIRTSCHAFTSZENTREN

Nächst der Rodung und Urbarmachung durch die deutschen Bauern waren es die gleichzeitig gegründeten Städte, die das Land erschlossen und eine neue Wirtschaftsepoche einleiteten. In einer erstaunlich gleichmäßigen Entfernung von 18 km überzogen sie mit ihren Mittelpunkten des Handels, des Handwerks, der Gerichtsbarkeit und der Bürgerkultur das Neuland wie ein Netz. In einem bis dahin so gut wie städtelosen Land wurden zwischen den Jahren 1200 und 1350 etwa 130 Städte planmäßig angelegt, so daß annähernd alle schlesischen Städte Gründungsstädte sind. Im Waldland entstanden sie fast alle aus „wilder Wurzel", wie man es nannte, in der Ebene auch im Anschluß an slawische Marktorte oder Kastellaneiburgen.

Die Stadt mit eigener Verfassung als selbständige Rechtsgemeinschaft der Bürger war die völlig neuartige Siedlungsform, welche die Einwanderer aus ihren alten Wohngebieten in das Neuland verpflanzten. Der Herzog übertrug ihre Gründung einem oder mehreren Unternehmern. Er stellte ihnen eine Lokationsurkunde aus mit den Ansiedlungsbedingungen (Zins, Freijahre) mit ihren Privilegien, z. B. Erbvogtei verbunden mit dem Stadtgericht und dem Meilenrecht, einem Handelsprivileg für das Umfeld, außerdem mit Vergünstigungen für die Bürger (Gemeindeweide, zeitweise Zollfreiheit). Die Grundlage der städtischen Selbstverwaltung bildete für Schlesien das Magdeburger Stadtrecht, meist in Gestalt des „Neumarkter Rechts", im Neisser Land des „Neisser Rechts".

Außenseite der Pfarrkirche in Glatz

Neben dem Rat übten die auf ein Jahr von den abgehenden Ratmannen gewählten Schöffen die Rechtsprechung aus. Jede Stadt umfaßte einen eigenen Gerichtsbezirk. Manche Stadtrichter übten zugleich die höhere Gerichtsbarkeit über einen Landbezirk, das „Weichbild", aus. Gelegentlich betraute der Herzog den Landvogt auch mit Verwaltungs- oder militärischen Aufgaben. Diese Weichbildverfassung war eine typisch schlesische Einrichtung, die an die Stelle der slawischen Kastellaneien trat.

KAUFLEUTE KOMMEN ZU WOHLSTAND

Die großartigen Bau- und Kunstwerke, die wir heute bewundern, entstanden – gemessen an späteren Epochen – unter einem niedrigen Lebensstandard der Gesamtbevölkerung. Durch Fleiß, Ausdauer und Einfallsreichtum schuf sich aber das städtische Bürgertum trotz ständiger Rückschläge in Krisenzeiten den Wohlstand, der eine reiche Kultur gedeihen ließ. Mit Vorrang waren es die Kaufleute, die es zu Geld brachten.

Die „Hohe Straße" war im 13. und 14. Jh. die Hauptachse des schlesischen Handelsverkehrs. Auf ihr nahmen die Fertigwaren Westdeutschlands und Westeuropas nicht nur ihren Weg nach Schlesien, sie wurden über die schlesischen Handelsplätze weiter nach Rußland und Südosten bis ans Schwarze Meer vertrieben, wo die Italiener Niederlassungen hatten. Von dort kamen Waren aus der Levante über Schlesien nach dem Norden Deutschlands und Europas.

Neben Breslau blühten eine ganze Anzahl schlesischer Handelsplätze auf: Neisse, Schweidnitz, Liegnitz, Glogau, Görlitz und die Kleinstädte am Wege. Markt- und Meilenrechte, die der Herzog verlieh, brachten ihm beachtliche Einkünfte. Die Städte errichteten für den Warenaustausch mit dem Umfeld Tuchkammern und Kaufhallen; aber auch am Fernhandel konnten die Kaufleute kleiner und kleinster Städte teilnehmen.

Mit der Befriedung der Straßen unter Karl IV. und mit der Ausbreitung Breslauer Rechts entwickelte sich der Handel stärker nach Italien, Polen und Rußland. Striegauer Kaufleute waren die ersten, die 1390 unmittelbare Beziehungen zu Venedig aufnahmen; Bürger von Schweidnitz, Neisse und Brieg folgten. Bald reisten schlesische Kaufleute zweimal im Jahre nach Italien.

Hinzu kam der Ostseehandel mit den Hansestädten. Um 1380 trat Breslau als einzige schlesische Stadt dem norddeutschen Städte- und Kaufherrenbund der Hanse bei. Damit erhielten Breslauer Kaufleute das Recht, den Hering unmittelbar an seinem Fangplatz, der Küste Schonens, zu beziehen. Glogau wurde wichtiger Durchgangsplatz nach Posen und Thorn. Ein Handelsvertrag schlesischer Städte mit Thorn, Danzig und Elbing erlaubte den Breslauer Kaufleuten die Ausfahrt aufs Meer.

Gegen Ende des 15. Jh. ließen sich süddeutsche Kaufleute, so die Fugger und Welser, in Breslau nieder und beteiligten sich mit Darlehen am Reichensteiner Goldbergbau. Der Gewinn, den sie erzielten, war bedeutend; er blieb zwar nicht im Lande, aber die inzwischen reich gewordenen schlesischen Städte und Bürger konnten den Kreditbedarf der schlesischen Fürsten meist selbst befriedigen.

Gegen Ende des Mittelalters trat allerdings in der Vorherrschaft der schlesischen Kaufleute im Osten ein Umschwung ein, ausgelöst durch das Erstarken des Königreiches Polen. Seit 1444 begann ein Handelskrieg zwischen Breslau, Posen und Krakau um die Niederlags- und Stapelrechte. Zur Stärkung der eigenen Wirtschaft verordnete Polen Straßen- und Kaufverbote für die Binnendeutschen und verbot seinen eigenen Kaufleuten den Besuch der Breslauer Johannismärkte.

Noch 1474 aber zeigte sich Breslau auf den anderen Märkten so stark, daß es wegen lästiger Vorschriften der Hanse seine Mitgliedschaft aufkündigte. Als zu Ende des 16. Jh. Polen für die Breslauer Kaufleute ein Handelsverbot verhängte, brach die Ausfuhr nach dort vollständig ab.

Breslau mußte sein Niederlagsrecht aufgeben, das den Wohlstand seiner Kaufleute begründet hatte. Doch bald eröffnen sich neue Möglichkeiten für den Handel nach Süden. In der Schlacht von Mohacz fällt der Landesherr König Ludwig II. von Böhmen und Ungarn gegen die Türken (1526). Mit allen seinen Ländern erbt das Haus Habsburg auch Schlesien.

Für den Adel und das beherrschende Bürgertum knüpfen sich nun vielseitige, auch gesellschaftliche Verbindungen nach Wien. Sie leiten eine zweihundertjährige Epoche ein, in der für Schlesiens Wirtschaft und Kultur österreichisch-süddeutsche Einflüsse, verstärkt durch die Gegenreformation, bestimmend sind. Sie werden abgelöst durch die völlige Umorientierung nach Norddeutschland und nach dem stark zentralistischen Verwaltungs- und Kulturmittelpunkt Berlin, als 1740 König Friedrich der Große Schlesien erobert und in den drei Schlesischen Kriegen für Preußen gewinnt. Die weitreichenden Folgen für Schlesien beschäftigen uns im Bildwerk „Heimat Schlesien – Oderniederung“.

HANDWERKER UND GEWERBETREIBENDE

Schlesiens Kaufleute vermittelten im Mittelalter und zu Beginn der Neuzeit nicht nur fremde Waren, sie boten auch vielerlei eigene Produkte an. An der Spitze stand die Tuchmacherei und Leinenerzeugung, die in allen Städten des Gebirges und Vorgebirges fast von Anbeginn beheimatet war. Dazu kamen das Schweidnitzer Bier, feinere Schmiedearbei-

Dürrkunzendorf Kreis Glatz

ten und nach und nach auch Erzeugnisse der Glashütten. Die steigende Lebenshaltung trug zu einer zunehmenden Spezialisierung bei. Im Jahre 1330 waren es in Breslau bereits 28 organisierte Handwerke, 1470 führten die Zunftrollen 45 Handwerke auf.

Über die Zusammensetzung belehrt uns die Breslauer Steuerliste von 1403: Da gibt es 92 verschiedene gewerbliche Berufe. Am stärksten vertreten sind das Metallgewerbe mit 23 und das Textilgewerbe mit 17 aufgeführten Berufszweigen. Doch ebenso vertreten sind seltene Berufe wie Glocken- und Erzgießer, Glasmaler, Büchsenmeister und Uhrmacher, die nicht nur für das ganze Land, sondern bis nach Polen hinein arbeiten.

Die Innungen vermochten die Konkurrenz unerlaubter Gewerbearbeiten nicht auszuschließen. Es gab Handwerker vor den Toren und Handwerker innerhalb der großen Klosterniederlassungen in den Städten. Überall war der gleiche Unternehmungsgeist, gepaart mit der Arbeitskraft der Deutschen, am Werk und sorgte für einen bürgerlichen Wohlstand, der auf das Land ausstrahlte.

Mit Beginn der Neuzeit entwickelte sich die Leinenerzeugung im Gebirgsvorland zum Wirtschaftsschwerpunkt Schlesiens, bis sie mit dem Aufkommen der Schwerindustrie in Oberschlesien Ende des 18. Jahrhunderts an die zweite Stelle trat.

LEINENHÄNDLER UND WEBER

In Schlesien bereitete mehr als anderswo der ländliche Leineweber dem städtischen Zunftmeister einen spürbaren Wettbewerb, denn bald vermochte im Gebirge und Gebirgsvorland die Landwirtschaft allein eine dichter werdende Bevölkerung nicht mehr zu ernähren. Auch in den Städten stellte man sich zu Ausgang des Mittelalters von der bis dahin vorherrschenden Tuchmacherei auf Leinenweberei um. Die Voraussetzung schuf der Flachsanbau, für den sich das Vorgebirge eignete. Bald fehlte er auf keinem Gute.

„Rösten und Hecheln“ des Flachses wurde zu einer Hauptbeschäftigung des weiblichen Gesindes und der zu Dienstleistungen bei der Gutsherrschaft verpflichteten Hintersassen. Technisch einfach entwickelte sich die Leinenweberei zum allgemeinen Nebengewerbe der ländlichen Bevölkerung, gefördert von den Grundherren; denn jeder Webstuhl trug ihnen zwei Taler jährlich als Webzins ein. Sie setzten durch, daß die mittelalterliche Arbeitsteilung zwischen Stadt und Land durchbrochen wurde.

Die Städte des Fürstentums Schweidnitz–Jauer mußten beispielsweise 1545 einen Vertrag annehmen, der die Landweberei freigab. Bald webte man in allen Dörfern des Vorgebirges. Die oberdeutschen Kaufherren schlossen mit den schlesischen Zünften jährlich kollektive Lieferverträge ab, zahlten

Vorschüsse in bar oder in Garn und sicherten feste Abnahmepreise zu. Das enthob den Weber der täglichen Sorge um den Absatz, nicht aber der Sorge ums tägliche Brot.
Das soziologische Bild wäre unvollständig, wollten wir hier nur die Blüte des Leinenhandels als Grundlage des Wohlstandes des städtischen Bürgertums ansprechen. Wohl gelang es den Leinwandkaufleuten gegen Ende des 17. Jh., mit geringem Risiko und kleinem Kapitaleinsatz ein weltweites Absatznetz zu versorgen. Es reichte von Holland, England, Spanien und Portugal bis in die afrikanischen und amerikanischen Kolonien dieser Länder. Des Webers Dasein aber bewegte sich ständig am Rande der Not! Sie begann nicht erst 1793 mit den Weberunruhen in Landeshut, dem Schwerpunkt der schlesischen Leinenindustrie, oder den sich im Eulengebirge seit 1807 regelmäßig wiederholenden Notjahren, die 1844 zu dem bekannten Weberaufstand führten.
Die Ursachen lagen tiefer. Schon im 17. Jahrhundert waren die Weber dadurch benachteiligt, daß sie zwischen zwei stärkere, kapitalkräftige Händlergruppen, den Garnhändler und den Leinwandkaufmann, eingeschaltet waren. Beide waren in der Lage, die Gefahren der wechselnden Konjunkturen auf den Weber abzuwälzen, ohne ihn am Gewinn guter Jahre teilhaben zu lassen. Im Unterschied zu den Händlern, die zu Wohlstand gelangten, konnten sich die Weber nur mit Anspannung aller Kräfte über Wasser halten.
„Der Abstand zwischen der Ernte des Arbeiters und des Kaufmanns vergrößerte sich, je vollständiger alle Lasten und Gefahren, die aus der staatlichen Überwachung, der 'Schau' erwuchsen, auf den Weber fielen. Von dem reichen Gewinn, der unter günstigen Verhältnissen dem Lande zuströmte, ist nur ein schwacher Anteil durch die fleißigen Hände der Weber in den Hütten der Berge gegangen, den Löwenanteil behielten die Kaufleute der Stadt zurück." Das ist keine moderne Erkenntnis, vielmehr stammt das Zitat von Joseph Partsch, einem Professor der Erdkunde, der sich in seiner noch heute grundlegenden Landeskunde Schlesiens (Ferdinand Hirt, Breslau 1911) eingehend mit den volkskundlichen und sozialen Fragen seiner Heimatprovinz auseinandergesetzt hat.

SPRACHE UND BILDUNG BRAUCHTUM UND RECHT

Der Siedlungsprozeß war in Schlesien etwa um die Zeit des Regierungsantritts Karls IV. (1342) zum Abschluß gelangt. Im Neusiedlungsgebiet des Sudetenvorlandes, ebenso im Altland der Oderniederung, hatten sich die deutschen Mundarten durchgesetzt, ohne daß im Mittelalter, ja bis ins 19. Jahrhundert eine gewaltsame Germanisierung betrieben wurde.
Das Band, das die verschiedenen deutsch besiedelten Herrschaftsbereiche immer fester zusammenschloß, war zunächst die Blutsverwandschaft. „Ihr Ausdruck ist die gemeinsame deutsche Sprache", meint Joseph Klapper (Geschichte Schlesiens, Bd. I). „Märkte und Städte führten zum Ausgleich örtlicher Sondermundarten." So bildete sich im 14. Jahrhundert eine schlesische Gemeinsprache, sie wird im amtlichen Verkehr von der Prager Hof- und Kanzleisprache abgelöst. Die Städte besaßen Handschriften des Sachsenspiegels, der schlesischen Stadtrechte, des Landrechts und ihrer Erklärungen. Für die Quellenforschung waren einst die etwa 3000 mittelalterlichen Handschriften eine Fundgrube, welche die Breslauer Staats- und Universitätsbibliothek bei der Auflösung von 36 Klosterbibliotheken übernommen hatte. Darunter befanden sich Handschriften der frühen deutschen Minnedichtung und höfischen Epik, wie Teile aus einer Sammlung des höfischen Dichters Heinrich Frauenlob (gest. 1319) oder die eines höfischen Epikers, der um 1300 am Hofe Herzog Bolkos I. von Fürstenstein lebte und von der Kreuzfahrt Ludwigs des Freien von Thüringen berichtet. In Wien bewahrt wurde die Verslegende vom hl. Oswald, abgeschrie-

ben im Ottmachauer Lande in schlesischer Mundart. Den Bürgern und Bauern floß die Bildung durch die Predigten zu. Sie sind meist lateinisch geschrieben, doch deutsche Einschübe und Übersetzungshilfen ermöglichten den Gebrauch vor dem Volk. Groß ist die Zahl der lateinisch-deutschen Wörterbücher (etwa 50), berichtet Klapper, während sich kein lateinisch-slawisches Wörterbuch findet.
Das Schulwesen in den Städten ist von Anbeginn an deutsch, oftmals sind die Stadtschreiber zugleich Schulmeister. Für die Klosterschulen legten einige Synoden im 13. und bis Mitte des 14. Jahrhunderts fest, daß die Lehrer auch in der Lage sein müssen, die lateinischen Texte polnisch zu erklären. Das zeigt, wie sich beim Klerus und auch zunächst am Bischofsstuhl polnische Einflüsse hielten. So nahm 1331 noch Bischof Nanker, ein Pole, diese Anordnungen zum Schutze der Minderheit, wie man heute sagen würde, in seine Synodalstatuten auf.

St. Florian in Schömberg

„Deutsch sind alle aus dem mittelalterlichen Schlesien überlieferten volksläufigen Rechtsanschauungen in Sage, Sprichwort und Kinderspiel. Volksrecht überlieferten die schlesischen Dreidingordnungen im Tagungsverlauf und in der Urteilsfindung“ (Ding = nordgermanisch thing ist die frühe deutsche Volks- und Gerichtsversammlung). „Deutsch sind die Volksbräuche des alten Gewohnheitsrechts wie der Mietstaler, die Geschenke an das Gesinde, der Ziehtag. Deutschem Volksrecht entsprechen vor allem die Bußen und Strafen“ (Klapper).
Verbreitet sind deutsche Kräuter- und Arzneibücher, ebenso Gesundheitslehren. Mehr als 50 deutsche Volksgebete sind aus dem mittelalterlichen Schlesien überliefert. Dazu kommen deutsche Rufe, Kirchenlieder und sogenannte Exempel, das sind religiöse Volkserzählungen als Belehrungstexte. Seit frühester Zeit finden sich Zaubersprüche in deutscher, häufiger in lateinischer Sprache.
Schlesien ragte nach Südosten als deutsches Land weit in den slawischen Raum hinein. Das mag eine Ursache dafür sein, daß sich hier ein besonders reichhaltiges Kulturgut im Bauernerbe als Jahresbrauchtum, Volkslied und Volkstanz herausgebildet und bis in die Neuzeit erhalten hat.

BAU- UND KUNSTDENKMÄLER IM HEUTIGEN SCHLESIEN

Die aufgezeigten Schwerpunkte der politischen, wirtschaftlichen, sozialen und volkskundlichen Geschichte Schlesiens sollen im Fortsetzungsband „Oderniederung“ zur Gegenwart hinführen. Sie mögen den Hintergrund beleuchten, vor dem die beispielhafte Auswahl der Bilder als Einheit gesehen werden kann. Was der heutige Besucher in Schlesien als

geschichtsträchtige deutsche Hinterlassenschaft vorfindet, läßt sich unter folgende Gesichtspunkte einordnen:
Die STADTBAUFORMEN sind wie aus einem Guß geschaffen. Meist liegt eine gerundete Gesamtform zugrunde, bestimmt durch die Notwendigkeit der Stadtbefestigung, aufgeteilt durch ein Netz regelmäßiger, sich rechtwinklig kreuzender Straßen. Sie lassen in der Mitte den baublockgroßen Marktplatz – Ring genannt – frei, den das Rathaus beherrscht.
Die MITTELALTERLICHE KIRCHE finden wir meist auf einem Platz, der sich in einer Ecke an den Ring anschließt. Monumental angelegt, überragen die hohen Gotteshäuser der Gotik mit ihren massigen Formen die Stadtsilhouette und sind meist noch heute bis weit in ihre ländliche Umgebung sichtbar. Als Halte- und Rastpunkt des Großhandels sicherten sich die Städte mit einem BEFESTIGUNGSRING. Vielfach sind Teile der alten Stadtmauer erhalten und als Grünanlage früher und heute gepflegt, ebenso Tortürme, die einst den Eingang der Stadt beherrschten und zugleich Macht und Reichtum der Bürger demonstrierten.
Den RING umsäumen häufig GIEBELHÄUSER auf dem schmalen Grundriß des Mittelalters. Ihre Fassaden aus verschiedenen Kunstepochen bieten ein Bild der Vielfalt und Geschlossenheit zugleich. Sie unterstreichen die Platzwirkung besonders dort, wo die alten Lauben erhalten oder wiederhergestellt wurden. Erst seit dem 16. Jh. bauten die Bürger die Häuser in Stein, sie waren der Stolz des selbstbewußten Bürgertums. Das Bemühen polnischer Restaurateure, sie zu erhalten, ist beachtlich. Nicht überall sind sie auf Dauer erfolgreich.
Die RATHÄUSER wurden in der Renaissancezeit zum städtebaulichen, künstlerischen Mittelpunkt und traten neben die Kirchen des Mittelalters. Das entsprach einem stärker dem Diesseits zugewandten Zeitgeist und dem Wunsch nach Selbstdarstellung des aufstrebenden Bürgertums. In großer Anzahl sind aus dieser Zeit noch die Rathaus-

Hl. Nepomuk in Schömberg

türme erhalten. Ihre meist im Barockstil umgestalteten Hauben markieren den Durchbruch österreichischer Stileinflüsse. Süddeutschen Geist offenbaren die LAUFBRUNNEN auf den meisten schlesischen Marktplätzen. Es sind Kunstwerke, die Lebensfreude verheißen, so der kraftvoll gestaltete Neptunsbrunnen in Schweidnitz, der Haschbrunnen in Greiffenberg. Eine Sonderstellung wegen seiner hervorragenden Schmiedekunst nimmt der Schöne Brunnen in Neisse ein.
DENKMÄLER zur Erinnerung an Ereignisse und Gestalten der deutschen Geschichte sind sämtlich beseitigt. Nur eine Symbolgestalt zur Heimatgeschichte, die Taubengustel in Lähn, verblieb. Der Denkmalskunst sind aber auch die überaus zahlreichen Heiligenbilder, Mariensäulen und Dreifaltigkeitssäulen zuzurechnen. Es sind Kunstwerke, für die

sich die Anregungen und Vorbilder unschwer im süddeutsch-österreichischen Raum nachweisen lassen.
Für die STIFTSKIRCHEN, KLÖSTER und städtischen Jesuitenkirchen, gleichermaßen für die große Zahl der im Innenraum BAROCKISIERTEN KIRCHEN ist der starke Einfluß Süddeutschlands auch für polnische Kunsthistoriker unbestritten. Diese Bauwerke empfingen allein ihre Impulse aus der von Habsburg geförderten Gegenreformation.
Eigenständiger sind die künstlerisch nicht weniger bedeutsamen EVANGELISCHEN KIRCHEN DER BAROCKZEIT (Friedens- und Gnadenkirchen in Schweidnitz, Jauer und Hirschberg); sie sind leider jetzt vom Verfall bedroht.
Vielfältig und allen Kunstepochen zuzuordnen sind die DORFKIRCHEN, die in dem ländlichen Kulturraum noch den gleichen beherrschenden Platz einnehmen wie in der Vergangenheit. Charakteristisch für die oberschlesische Landschaft sind die zahlreichen Holzkirchen, wovon das waldreiche Waldenburger Bergland ebenfalls ein Beispiel aufweisen kann (Reimswaldau).
Im Gebirgsvorland begegnen wir den Spuren des Mittelalters in den Ruinen alter RITTERBURGEN, von denen Schweinhaus, Kynast, Kynsburg und besonders die Bolkoburg nach wie vor sehenswert sind.
Eine Fundgrube für den Kunsthistoriker gaben früher die überaus zahlreichen Herrensitze des höheren und niederen Adels ab. Während aus den in der Einleitung dargelegten Gründen polnischerseits für die großen Piastenschlösser viel getan wird (vgl. „Oderniederung" – Oels, Brieg, Liegnitz, Wohlau), bestand für den Großteil der Schlösser des Landadels nach 1945 keine Verwendung mehr, so daß oft nur noch Ruinen aus Renaissance und den folgenden Stilepochen von Wohlstand und Kunstfreude vergangener Zeiten künden (Grafenort, Kamenz; in Band „Oderniederung": Trachenberg und Carolath, Parchwitz, Goschütz u. a.; dagegen großartig restauriert Schloß Fürstenstein).

Im 16. und 17. Jh. bestattete man noch meist in den Kirchen. In Stadt und Land treffen wir auf eine Vielzahl wappenreicher Gruftplatten des Adels oder Epitaphe des gehobenen Bürgertums (Greiffenberg, Jauer, Schweidnitz), die in die Innen- und Außenwände der Kirchen eingelassen sind.
Die preußische Zeit hat sich auf dem Gebiet der Baukunst neben dem Rathaus in Hirschberg als Profanbau vornehmlich mit den EVANGELISCHEN KIRCHENBAUTEN des berühmten schlesischen Baumeisters C. G. Langhans (Reichenbach, Ober Adelsdorf; „Oderniederung": Groß Wartenberg), oder als Beispiel mit einem Bauwerk seiner Schule (Wüstegiersdorf), bleibende Denkmäler gesetzt. Sie tragen ernste Geschlossenheit und Würde zur Schau.
Einige alte Ansichten mögen ins Gedächtnis rufen, daß die Oberlausitz mit Görlitz nicht erst 1815 zum schlesischen Kulturbereich gehörte.
Wer keine zu hohen Erwartungen an die Gegenwart stellt, wird anhand der Bilder hier und in dem Band „Oderniederung" mit Genugtuung feststellen, daß ein Bemühen der kulturtragenden Kräfte Polens am Werke ist, um möglichst viele dieser unvergänglichen Kunstwerke in die Zukunft hinüberzuretten.
Das sollte allerdings den Blick nicht dafür trüben, daß zahlreiche Erhaltungs- und Restaurationsmaßnahmen Stückwerk bleiben und den fortschreitenden Verfall nicht aufhalten werden; es sei denn, es gelingt den polnischen Denkmalspflegern, die für eine echte Baupflege laufend erforderlichen Mittel zu erhalten, um zeitgerecht auch Reparaturen an Installationen, Dächern, Dachrinnen und an der gesamten Bausubstanz durchzuführen.
Das sei unser Wunsch, damit auch spätere Geschlechter noch erkennen können, welche Bedeutung Schlesien als Kulturprovinz und als Mittler europäischer und abendländischer Gesittung im Wandel der Zeiten zwischen Ost und West einmal gehabt hat.

VERZEICHNIS DER ORTSNAMEN

Agnetendorf *(Jagniątków)* Kr. Hirschberg 97
Albendorf *(Wambierzyce)* Kr. Glatz 169–171
Alt Gersdorf *(Stary Gierałtów)* Kr. Habelschwerdt 183
Alt Patschkau *(Stary Paczków)* Kr. Neisse 227
Altreichenau *(Stare Bogaczowice)* Kr. Waldenburg 135
Alt Waltersdorf *(Stary Waliszów)* Kr. Habelschwerdt 205

Bad Altheide *(Polanica Zdrój)* Kr. Glatz 180
Bad Flinsberg *(Świeradów Zdrój)* Kr. Löwenberg 47
Bad Kudowa *(Kudowa Zdrój)* Kr. Glatz 172
Bad Landeck *(Lądek Zdrój)* Kr. Habelschwerdt 181, 182
Bad Reinerz *(Duszniki Zdrój)* Kr. Glatz 177, 178
Bad Salzbrunn *(Szczawno Zdrój)* Kr. Waldenburg 131
Bad Warmbrunn *(Cieplice Śląskie Zdrój)* Kr. Hirschberg 93–95
Boberröhrsdorf *(Siedlęcin)* Kr. Hirschberg 84
Bobischau *(Boboszów)* Kr. Habelschwerdt 206
Bolkenhain *(Bolków)* Kr. Jauer 79–84
Brand *(Spalona)* Kr. Habelschwerdt 198
Brückenberg *(Bierutowice)* Kr. Hirschberg 106
Bunzlau *(Bolesławiec)* Kr. Bunzlau 59–63
Burg Schweinhaus *(Świny)* Kr. Jauer 83

Eckersdorf *(Borków)* Kr. Glatz 166

Frankenstein *(Ząbkowice Śląskie)* 219–221
Freiburg *(Świebodzice)* Kr. Schweidnitz 137
Friedeberg *(Mirsk)* Kr. Löwenberg 44, 45
Friedersdorf *(Biedrzychowice)* Kr. Lauban 40
Friedland *(Mieroszów)* Kr. Waldenburg 116, 117
Fürstenstein *(Książ)* Kr. Waldenburg 136

Glatz *(Kłodzko)* Kr. Glatz 184–190
Görlitz, DDR 26–30
Görlitz-Ost *(Zgorzelec)* Kr. Görlitz 31
Goldberg *(Złotoryja)* Kr. Goldberg 70–73, 82
Gorkau *(Górka)* Kr. Breslau 152
Gottesberg *(Boguszów)* Kr. Waldenburg 124
Grafenort *(Gorzanów)* Kr. Habelschwerdt 191
Greiffenberg *(Gryfów Śląski)* Kr. Löwenberg 41–43
Grenzeck *(Czermna)* Kr. Glatz 174
Gröditzberg *(Grodziec)* Kr. Goldberg 64
Grüssau *(Krzeszów)* Kr. Landeshut 118–122
Grunwald *(Zieleniec)* Kr. Glatz 176

Habelschwerdt *(Bystrzyca Kłodzka)* 193–196
Heinrichau *(Henryków)* Kr. Frankenstein 214–216
Heuscheuer *(Góry Stołowe)* 168
Hirschberg *(Jelenia Góra)* 85–92, 101
Hohe Eule *(Wielka Sowa)* 162
Hummelstadt *(Lewin Kłodzki)* Kr. Glatz 175

Isergebirge *(Góry Iserskie)* 46
Jauer *(Jawor)* Kr. Jauer 74–78

Kalkau *(Kałków)* Kr. Neisse 229
Kamenz *(Kamieniec Ząbkowicki)* Kr. Frankenstein 222, 223
Kauffung *(Wojcieszów)* Kr. Goldberg 67
Kreisau *(Krzyżowa)* Kr. Schweidnitz 149
Krummhübel *(Karpacz)* Kr. Hirschberg 104, 105
Kynast *(Chojnik)* Kr. Hirschberg 96
Kynsburg *(Zamek Grodno)* 154, 155

Lähn *(Wleń)* Kr. Löwenberg 50, 51
Landeshut *(Kamienna Góra)* 109–111
Langenbielau *(Bielawa)* Kr. Reichenbach 161
Lauban *(Lubań)* Kr. Lauban 32–35
Liebau *(Lubawka)* Kr. Landeshut 112
Liebenthal *(Lubomierz)* Kr. Löwenberg 48, 49
Liebersdorf *(Lubomin)* Kr. Waldenburg 133, 134
Löwenberg *(Lwówek Śląski)* 52–58

Maria Schnee *(Matka Śnieżna)* Kr. Habelschwerdt 200–202
Marklissa *(Leśna)* Kr. Lauban 37
Mittelwalde *(Międzylesie)* Kr. Habelschwerdt 197
Münsterberg *(Ziębice)* Kr. Frankenstein 211–213

Neisse *(Nysa)* Kr. Neisse 231–239
Neurode *(Nowa Ruda)* Kr. Glatz 164, 165
Nimptsch *(Niemcza)* Kr. Reichenbach 217

Ober Adelsdorf *(Zagrodno)* Kr. Goldberg 65
Ottmachau *(Otmuchów)* Kr. Grottkau 228

Patschkau *(Paczków)* Kr. Neisse 224–226
Petersdorf *(Piechowice)* Kr. Hirschberg 99
Peterswaldau *(Pieszyce)* Kr. Reichenbach 160
Pilgramsdorf *(Pielgrzymka)* Kr. Goldberg 65

Reichenbach *(Dzierżoniów)* 156–159
Reichenstein *(Zloty Stok)* Kr. Frankenstein 210
Reimswaldau *(Rybnica Leśna)* Kr. Waldenburg 125, 126
Rengersdorf *(Krosnowice)* Kr. Glatz 192
Rückers *(Szczytna)* Kr. Glatz 179

Schildau *(Wojanów)* Kr. Hirschberg 98
Schmiedeberg *(Kowary)* Kr. Hirschberg 108
Schneeberg *(Snieżnik)* Kr. Habelschwerdt 203, 204
Schneegrubenbaude Kr. Hirschberg 102
Schneekoppe *(Śnieżka)* Kr. Hirschberg 107
Schömberg *(Chełmskó Śląskie)* Kr. Landeshut 113–115
Schönau *(Świerzawa)* Kr. Goldberg 68, 69
Schönberg *(Sulików Chełmsko)* Kr. Lauban 36
Schreiberhau *(Szklarska Poręba)* Kr. Hirschberg 103
Schweidnitz *(Świdnica)* Kr. Schweidnitz 142–148
Strausdörfel *(Pstrążna)* Kr. Glatz 173
Strehlen *(Strzelin)* Kr. Strehlen 218
Strehlitz *(Strzelce)* Kr. Schweidnitz 240
Striegau *(Strzegom)* Kr. Schweidnitz 138–141

Tschocha *(Sucha)* Kr. Lauban 38, 39

Waldenburg *(Wałbrzych)* 127–130
Waldenburger Bergland *(Góry Wałbrzyskie)* Kr. Waldenburg 123
Wartha *(Bardo* Kr. Frankenstein 207–209
Weistritztal *(Bystrzycna)* Kr. Waldenburg 153
Wölfelsdorf *(Wilkanów)* Kr. Habelschwerdt 199
Wünschelburg *(Radków)* Kr. Glatz 167
Wüstegiersdorf *(Głuszyca)* Kr. Waldenburg 163

Ziegenhals *(Głuchołazy)* Kr. Neisse 230
Zobten (Berg) *(Ślęża)* Kr. Breslau 25
Zobten, Stadt *(Sobótka)* Kr. Breslau 150, 151

BILDNACHWEIS

Arlt: 25, 31, 33–43, 45–51, 53–69, 71–88, 90–103, 105–125, 127–138, 140–148, 150–155, 157–181, 183, 185–192, 194–203, 205–210, 212–223, 225–230, 232, 234–237, 239, 240; Geisler: 156; Herder: 27, 30, 32, 44, 52, 89, 126, 139, 193, 211; Kath. Arbeitsstelle Nord: 70, 224, 231, 238; Alte Vorlagen: 26, 28, 29, 104, 149, 184, 233.

25 Der ZOBTEN zwischen dem Eulengebirge und Breslau wurde für den Schlesier zum Heimatsymbol. Ernst Birke sieht in ihm auch ein Symbol für die unbefangene, gegenseitige Durchdringung von Slawen und Deutschen, „die den langen Ablauf der schlesischen Geschichte kennzeichnet". Denn einerseits formten die Slawen den Namen des alten germanischen Stammesheiligtums „Siling" in „Slenz" um, woraus über „Silesia" der Name Schlesien entstand; andererseits übernahmen die Deutschen im 14. Jh. den Namen des Ortes „Zobten", slawisch *sobotta* = Sonnabend (Markttag).

26 GÖRLITZ. Das alte Stadtbild mit der PETERSKIRCHE und dem Rathausturm ruft ins Bewußtsein, daß der einstige Glanz der Hauptstadt der Oberlausitz als Wirtschafts- und Kulturzentrum, ebenso als Brückenstadt und Eingangspforte nach Schlesien der Geschichte angehört. Um 1200 von deutschen Kaufleuten und Handwerkern am Übergang der „Hohen Straße“ über die Neiße gegründet, erlangte sie unter Karl IV. als Vorort des 1346 geschaffenen Sechsstädtebundes der Lausitz Machtfülle und Reichtum. Mit der Renaissance gewann sie als Ort der Künste und Wissenschaften einen Ruf.

27 GÖRLITZ. Die Pfarrkirche St. Peter und Paul ist unter einer großen Zahl hervorragender Kulturdenkmäler das bedeutendste Bauwerk. Bereits um 1225 begonnen, wurde sie 1497 in spätgotischen Formen vollendet. Die fünfschiffige Hallenkirche steht wegen des abschüssigen Geländes über einer Unterkirche. Die das Stadtbild beherrschenden neugotischen Westtürme sind ein Werk der Kaiserzeit (1883–1891). Obwohl Görlitz für die Schlesier noch ein greifbares Stück Heimat bedeutet, war die Stadt in dem Jahrzehnt (1972–1981), als man nach Schlesien reisen konnte, so gut wie unzugänglich. Der Aufenthalt in der Stadt setzt – wie überall in der DDR – eine besondere Einladung und Besuchsgenehmigung voraus. Durchreisende dürfen sie nicht betreten.

28 GÖRLITZ. Ein Stadtführer aus den zwanziger Jahren berichtet: „Vor uns im Tale fließt die von unzähligen Booten belebte Neiße, über die der gewaltige, im Jahre 1847 vollendete Viadukt führt, ein aus Lausitzer Granit erbautes mächtiges Werk von 475 m Länge. Von seinen 30 Bogen erheben sich die mittelsten 35 m über den Wasserspiegel und bieten von oben und unten inmitten der prächtigen Uferanlagen ein unvergleichlich schönes Bild." Seit dem Potsdamer Abkommen ist es hier totenstill. Die Neiße durchtrennt die Stadt und das schlesische Land! Über die Brücke geht wenig Verkehr.

29 GÖRLITZ. Auf dem POSTPLATZ, heute „Platz der Befreiung", einem Mittelpunkt des Verkehrs, steht noch der 1887 von Toberentz errichtete Zierbrunnen, ein typisches Denkmal des Jugendstils: Vier Gestalten aus Marmor, Jäger, Nymphe, Fischer und Nixe, sitzen um den Sokkel, auf dem eine an Venus erinnernde mächtige Frauengestalt aus Bronze als segnende Naturgöttin eine gewaltige Muschelschale auf dem Haupte trug. Die „Muschelminna" wurde nach den Kriegsbeschädigungen entfernt. Hier stand auch das Land- und Amtsgericht, eine Passage führte zum Stadttheater. Die Stadt erlebte seit der Reichsgründung als Eisenbahnknotenpunkt, Industrieort, Sitz vieler Behörden, Banken, Wirtschaftsverwaltungen und Kultureinrichtungen einen beachtlichen Aufschwung. Sie nannte sich die Perle der Lausitz. Die Einwohnerzahl strebte vor dem Kriege allmählich der Großstadt zu (1939 = 91 000 Einwohner).

30 GÖRLITZ. Die PILZLAUBEN am Untermarkt (altes Foto) gehörten zu einem in den zwanziger Jahren noch unverfälscht erhaltenen Altstadtbereich aus dem Zeitalter der Renaissance, der Blütezeit der Stadt. Die Lauben umschlossen den Markt auf zwei Seiten. Von hier aus hatte man einen Blick auf die häufig abgebildeten Wahrzeichen der Stadt: die elegant geschwungene Rathaustreppe mit dem Standbild der Justitia auf schlanker Säule und über der Treppe das kunstvoll gestaltete Wappen des Ungarnkönigs Matthias Corvinus, dessen Herrschaftsbereich sich gegen Ende des 15. Jh. über Schlesien bis nach Görlitz erstreckte. Nach dem Kriege wurden die Lauben restauriert.

31 GÖRLITZ-OST. Die ehemalige OBERLAUSITZER GEDENKHALLE mit dem Kaiser-Friedrich-Museum enthielt früher ein Heimatmuseum; heute dient der 1902 von Hugo Behr im Jugendstil errichtete Bau als Kulturpalast. Der mittelalterliche Brückenkopf von Görlitz auf dem rechten Neißeufer – seit 1875 Industrievorort mit neuen Wohnsiedlungen – ist selbst Kreisstadt sowie Wohn- und Dienstleistungszentrum für das Industriegebiet um den Braunkohlenabbau Reichenau-Türchau. Landeskrone, als Görlitzer Hausberg, und Peterskirche blicken über die Neiße.

32 LAUBAN. Das RATHAUS – 1945 zur Ruine ausgebrannt und danach in alten Formen wiederaufgebaut – verkörpert auf der alten Aufnahme Anfang der zwanziger Jahre noch ein Stück der stolzen und wechselvollen Geschichte der Stadt am Westufer des Queis. Hier überschritt einst die „Hohe Straße", die wichtige West-Ost-Verbindung des Mittelalters, den Grenzfluß von der Oberlausitz nach Schlesien. Bis 1815 bildetet er die Grenze, doch gehörte im Mittelalter die Oberlausitz ebenso wie Schlesien zum Königreich Böhmen, bis sie im Dreißigjährigen Krieg 1635 kursächsisch wurde und 1815 an Preußen und zur Provinz Schlesien kam. Zur Zeit der höchsten Blüte der Handelsstadt baute Meister Hans Lindner das Rathaus (1539–1541). Sein von Görlitz her beeinflußter Renaissancestil ist an den Portalen, den Umrahmungen der Fenster und der großen Uhr erkennbar. Der Turm erhielt seine schwungvolle Haube erst im 18. Jh.

33 LAUBAN. Blick vom Rathaus. Inmitten des Marktplatzes steht noch der Krämerturm vom ersten mittelalterlichen Rathaus aus dem 14. und 15. Jahrhundert, heute der einzige Überrest des früheren Baublocks inmitten des Marktplatzes. Über die Neubauten fällt der Blick auf den alleinstehenden Turm der ehemaligen Pfarrkirche zur Hl. Dreifaltigkeit, bereits 1760 abgebrannt, und dahinter auf die evangelische Kirche von 1861. Die Stadt erlebte am Kriegsende heftige Kämpfe; als deutsche Truppen sie nach Besetzung durch die Sowjetarmee zurückeroberten, wurde sie zu 55 v. H. zerstört.

34 LAUBAN. Der mächtige BRÜDERTURM ist mit noch erhaltenen Teilen der Stadtmauer ein kleiner Rest der einst starken mittelalterlichen Befestigung. Belegt ist die Stadt 1268, doch bestand hier schon früher ein Rastplatz deutscher Kaufleute im Anschluß an die slawische Siedlung. 1346 schloß sich Lauban mit den Städten Bautzen, Görlitz, Kamenz, Löbau und Zittau zum Sechsstädtebund der Oberlausitz zusammen. Am Ausgang des Mittelalters war die Stadt Hauptsitz des Garn- und Leinenhandels der Oberlausitz. Aus dieser Zeit stammt der obere Umgang des Turmes, sein Name rührt von dem benachbarten Kloster der Minoriten her.

35 LAUBAN. Das Barockportal an der ZIEGLER-SCHULE (1720) ist heute das einzige Baudenkmal aus der Zeit, als Lauban mit dem Markgraftum Oberlausitz kursächsisch war. Das Gebäude wurde vor dem Kriege sorgfältig von der Denkmalspflege wiederhergestellt und steht auch jetzt unter Denkmalsschutz. Es hatte die Kämpfe im Frühjahr 1945 ebenso wie den großen Brand überstanden, dem im Siebenjährigen Krieg (14.7.1760) fast die ganze Stadt zum Opfer fiel. Die Stadt erlebte als Zentrum des Leinenhandels einen Niedergang, als 1742 im benachbarten Schlesien der Merkantilismus bestimmend wurde; dazu kamen die Konkurrenz Englands in der Textilproduktion und später die Auswirkung der Kontinentalsperre. Einen Ausgleich bildeten im 19. Jh. die Erhebung Laubans zur Kreisstadt und vor allem die Spezialisierung der Wirtschaft auf die Herstellung von Taschentüchern. Zahlreiche Taschentuchfabriken machten die Stadt weit über Schlesien hinaus bekannt.

36 SCHÖNBERG Kr. Lauban. Die HOLZLAUBEN am viereckigen Markt sind der Rest einer nach dem Brande von 1688 errichteten Gebäudefront. Wie das rechte Haus („Zur scharfen Ecke“) mit der schmuckhaften Betonung der Giebelfront, rechneten die Häuser alle zu den „Glanzstücken schlesischer Holzarchitektur“ (Loewe, Schles. Holzbauten). Die um 1230 gegründete deutsche Stadtsiedlung läßt noch heute den Grundriß ihrer ersten Anlage erkennen. Als Spezialität wurde das „Schönberger Zeug“ – grobes Gewebe aus Leinen und Wolle – nach Übersee ausgeführt.

37 MARKLISSA, im Süden des Laubaner Kreises, im Vorland des Isergebirges, wurde durch den Bau der ersten schlesischen Talsperre am Oberlauf des Queis (1901–1935) berühmt. Nach 1250 als Marktort der Waldhufendörfer an der Straße nach Friedland in Böhmen gegründet, blieb sie eine unbefestigte Ackerbürgerstadt mit den im Vorgebirge verbreiteten Gewerben der Tuch- und Leinenherstellung. Die evangelische Pfarrkirche ist mit ihrer barocken Haube ein Neubau von 1712, nach einem Brande der alten gotischen Kirche errichtet. 1945–1962 verlor der Ort das Stadtrecht.

38 Über der TALSPERRE MARKLISSA erhebt sich Burg TSCHOCHA als seltenes Beispiel einer fast vollständig aus dem Mittelalter stammenden Burg. Die alte Grenzfeste zum Schutze der Oberlausitz gegen Schlesien entstand im 13. Jh. Infolge ihrer günstigen Lage auf einem Felsen, von drei Seiten vom Queis, seit 1905 von der Talsperre umgeben, überstand sie die Hussiten, den Dreißigjährigen Krieg und einen Brand von 1793. Danach wurde sie wieder aufgebaut. Im 16. Jh. war sie zu der heutigen Anlage mit Graben, Wirtschaftshof, Zwinger und dem Bergfried vervollständigt worden.

39 BURG TSCHOCHA. Das BURGTOR verrät den um historische Echtheit bemühten Stil von Prof. Bodo Ebhardt, einem unter Kaiser Wilhelm II. berühmten Burgenbauer. Auftraggeber war der Dresdner Zigarettenfabrikant Ernst F. Gütschow (Reemtsma), der die Burg 1910 erworben hatte. Die von ihm ausgebaute Feste mit ihren spitzen Giebeln, breiten Dächern, Mauern und Wehrtürmen ist erhalten, ein großer Teil der von Gütschow angelegten Sammlung von Büchern, u. a. einer umfangreichen russischen Bücherei, von Möbeln, Bildern und Bronzen fiel der Besetzung durch die Russen im Mai 1945 zum Opfer.

40 SCHLOSS FRIEDERSDORF Kr. Lauban zeichnet sich unter der großen Zahl verwahrloster Herrensitze in Schlesien durch einen einigermaßen intakten Bauzustand aus. Das Schloß entstand 1702 unter Moritz Christian v. Schweinitz durch barocken Umbau einer Anlage des Mittelalters; im 19. Jh. durch die zum Park führenden Terrassen bereichert. Als geschichtlichen Irrtum bezeichnet Grundmann (Heimatbuch Lauban) die von polnischen Reiseführern übernommene Legende, August der Starke sei der Erbauer gewesen. Vielleicht trägt sie zur Erhaltung des Schlosses bei!

41 GREIFFENBERG Kr. Löwenberg, MARKTPLATZ mit dem „Haschbrunnen“ mit spielenden Knaben und wasserspeienden Greifvögeln. Der Name des Brunnens sollte heute zu keinen falschen Assoziationen führen: „Haschen“ ist das Fang- und Greifspiel der schlesischen Kinder! Die schmucken Bürgerhäuser am Ring gehörten einst den Leinwandkaufleuten. Die Blüte des Leinenhandels im Vorland des Isergebirges geht auf die Mitte des 16. Jh. zurück. Damals knüpfte der Bürgermeister Roth Handelsbeziehungen nach Leipzig, Augsburg, Frankfurt/M. und Köln an. Die Zahl der Weber stieg auf über 100, dazu kamen sechs Handelshäuser. Nach der verkehrsmäßigen Erschließung durch den Anschluß an die Eisenbahn von Görlitz-Hirschberg-Breslau (1867) ließen sich hier einige Industriebetriebe nieder, deren bedeutendster die Greiff-Werke (Bekleidungsfabrik) waren. Heute wirkt sich offensichtlich die Grenznähe nachteilig aus.

42 GREIFFENBERG. In der GRABKAPELLE an der Stadtpfarrkirche befinden sich noch die künstlerisch bemerkenswerten Sandsteinepitaphe der Familie von Schaffgotsch von 1584. Das seit dem Mittelalter als Besitzer des Iser- und Riesengebirges weithin bekannte Grafengeschlecht hatte seinen Stammsitz auf dem Greiffenstein. Die Burg erhob sich in geringer Entfernung vom Queis auf einem Basaltkegel und ist noch als Ruine erhalten. 1511 hatte Ulrich v. Schaffgotsch die Herrschaften Greiffenstein und Kynast vereinigt. Hans Ulrich II. besaß auch die Herrschaften Schmiedeberg und Kemnitz.

43 GREIFFENBERG, an der Queisbrücke. Nach einem Brande von 1929 hatte der Rathausturm mit seinem sich verjüngenden Betonaufbau seine ursprünglich dreifach durchbrochene Spitze wiedererhalten. Im 17. Jh. war er mit seiner stolzen Höhe das Wahrzeichen des durch den Leinenhandel reich gewordenen Bürgertums. 1740 gab es 26 Leinenhandelshäuser. Das Stadtprivileg zu Löwenberger Recht stammte von 1354. Fünfzig Jahre später erhielt die Stadt das Recht, sich durch Mauern und Gräben zu schützen; von der Befestigung sind im Vordergrund noch Reste sichtbar.

44 FRIEDEBERG am Queis Kr. Löwenberg (vgl. Vorkriegs-Luftbild) war eine ländliche Kleinstadt; die allen Gründungsstädten eigene Stadtbauform der Schachbrettanlage um den Ring oder Marktplatz im Zentrum hat sich unverändert erhalten. Nur fehlt hier das sonst übliche Oval des ehemaligen Befestigungsringes, denn das Handwerker- und Ackerbürgerstädtchen war nie ummauert, hatte jedoch vier Stadttore. Typisch für Niederschlesien sind die beiden Kirchen, links der Turm des katholischen, rechts des evangelischen Gotteshauses, 1767 anstelle eines Bethauses erbaut.

45 FRIEDEBERG. Der weiträumige Ring erfüllt nach mehr als sechshundert Jahren seit der 1337 erfolgten Stadtgründung aus wilder Wurzel immer noch seine Funktion als Mittelpunkt der Stadt und des öffentlichen Lebens – ungeachtet der völlig veränderten Lebensweise der jetzigen Bewohner: 1939 waren es etwa 2800 Einw. auf 5,7 qkm, 1970 4300 auf 13,68 qkm. Einst war hier die Edelsteinschneidekunst gut vertreten. Das veranlaßte 1790 Goethe, seine Reise nach Oberschlesien zu unterbrechen. Das Rathaus wurde 1767 neu errichtet; aus dieser Zeit stammen auch die Bürgerhäuser um den Ring.

46 ISERGEBIRGE bei Greiffenberg. Über sanfte Hügel, Wiesen und rauschende Wälder leitet die liebliche Vorgebirgslandschaft über zum Hochgebirgskamm am Horizont, wo der Queis entspringt. Für den Fremdenverkehr erschlossen wurde einstmals das Vorland durch die Isergebirgsbahn. Sie zweigte von der Hauptstrecke der Gebirgslinie Görlitz-Lauban-Hirschberg in Greiffenberg ab, um über Friedeberg und die westlichen Ausläufer des Kemmnitzkammes nach Friedland/B. zu führen. Von Friedeberg gelangte man mit einer Kleinbahn im Queistal aufwärts nach Bad Flinsberg.

47 BAD FLINSBERG Kr. Löwenberg, KURHALLE. Das Radiumbad am Nordhang des Isergebirges eröffnet den stattlichen Reigen heilkräftiger Quellen im „Bäderland Schlesien“, das sich bis zum Altvatergebirge hinzieht. Ursache dieses Reichtums an größeren, kleinen und kleinsten Bädern ist die geologische Beschaffenheit im Sudetenrandbruch zwischen der nördlichen Seite der Sudeten und den Vorgebirgen. Im oberen Queistal schmiegt sich der Ort anmutig zwischen die Nordhänge des Isergebirges. Schon 1601 wies der berühmte Hirschberger Arzt Kaspar von Schwenkfeld auf die bereits früher entdeckten Heilquellen hin. 1763 wurde das Dorf Badeort, 1795 wurde das erste Badehaus errichtet. Das heutige Kurhaus weihte man 1899 ein, doch erst 1933 entdeckte man eine radiumhaltige Quelle und baute das Radiumbad. Weitere Radiumquellen gaben dem Bad Aufschwung, das sich bei den Polen großer Beliebtheit erfreut. Seit 1945 hat es Stadtrecht.

48 LIEBENTHAL Kr. Löwenberg blieb 1945 unversehrt. Der langgestreckte Marktplatz war eine plangerechte Ausgestaltung der Straße Löwenberg – Greiffenberg. In der einstigen Ackerbürgerstadt erinnern noch immer die alten Häuser mit den Laubengängen an früheren Wohlstand, von dem man nichts mehr verspürt. Er gründete sich von früh an auf Garnspinnerei, Leineweberei und auf den Leinenhandel im Gebirgsvorland, wo der karge Boden nicht genügend Erträge hergab, um eine wachsende Bevölkerung zu ernähren. Bauern und Ackerbürger saßen einst im Winter am Webstuhl.

49 LIEBENTHAL. Der hohe Giebel des Kirchenschiffes und der Turm mit der Barockkuppel gehören zum Kloster der Benediktinerinnen. Es geht auf 1278 zurück, von Jutta von Liebenthal und ihren Söhnen gegründet. Unter dreißig Äbtissinnen war die bedeutendste Barbara Tanner. Gemeinsam mit Propst Sommerfeldt führte sie das Stift zur Blüte. Noch mit 75 Jahren veranlaßte sie den 1730 vollendeten Klosterneubau, den Jacob Scheerhofer nach dem Vorbild der Prager Baumeister Dientzenhofer ausführte. Der Hochaltar im Rokoko zeigt die damalige Gestaltungsfreude.

50 LÄHN Kr. Löwenberg. Zwischen den sanften Höhen des Bober-Katzbach-Gebirges in einer Schleife am Oberlauf des Bober ist die ursprüngliche Ackerbürgerstadt nicht über ihren Umfang von ehedem hinausgewachsen (1939: 1470; 1970: 1849 Einw.). Hier waren die Bürger im Mittelalter fleißig an Spinnrad und Webstuhl. 1850–1870 gab es eine Uhrenfabrik, verbunden mit einer Fachschule, in deren Gebäude danach ein Pädagogium einzog. Die Lage im Vorland des Riesengebirges verhalf dem Ort um 1900 zur Sommerfrische. Katholische Stadtpfarrkirche von 1864.

51 LÄHN, eine unbedeutende Kleinstadt, war stolz auf ihre Geschichte, die mit der ersten Besiedlung als Gründung zu Löwenberger Recht begann. Zum 700jährigen Stadtjubiläum errichteten die Bürger den TAUBENGUSTELBRUNNEN vor dem Rathaus. Er könnte vergessen lassen, daß die Aufnahme aus der polnisch verwalteten Stadt kommt. Die Taube auf der Schulter der jungen Bäuerin erinnert an den einstmals berühmten Taubenmarkt, der jeweils am Mittwoch vor Fastnacht abgehalten wurde. Sein Einzugsgebiet reichte bis Wien, Warschau, Leipzig und Westpreußen. Seit 1900 war der Ort Sommerfrische, 1909 erhielt er Bahnanschluß.

52 LÖWENBERG. Die Vorkriegsansicht macht die städtebaulichen Akzente der zweitältesten deutschrechtlichen Stadtgründung deutlich (1217 Aussetzung durch Herzog Heinrich I.): die doppelte Stadtmauer mit dem Laubaner und Bunzlauer Torturm, die altehrwürdige katholische Pfarrkirche mit ihren Doppeltürmen aus dem 13. Jh., im Vordergrund die evangelische Bethauskirche von 1748, von deren Geschichte heute nur noch der 100 Jahre später erbaute neugotische Turm vereinsamt inmitten eines ungenutzten Platzes erzählt, schließlich rechts dahinter der Rathausturm.

53 LÖWENBERG, am RING (1958). Die Stadt erlitt 1945 schwere Zerstörungen, doch die wichtigsten Baudenkmäler blieben erhalten. Den Kern des Rathauses schuf 1522–1524 der Görlitzer Ratsbaumeister Wendel Roßkopf in spätestgotischen Formen. Zu Beginn dieses Jahrhunderts erweiterte es Hans Poelzig, Direktor der Breslauer Kunstakademie, stilgerecht. Im Hintergrund die katholische Pfarrkirche zur Himmelfahrt Mariä gehört zu den frühesten Zeugnissen der Gotik in Schlesien. Der Charakter der vom Bild polnischer Bauern geprägten Landstadt hat sich kaum verändert.

54 LÖWENBERG. Die HALLE ist der großartigste Teil des nächst Breslau schönsten Rathauses in Schlesien. Von einem profilierten Mittelpfeiler schwingen sich in kühnen Windungen schwere Bogenrippen in spätgotischen Formen nach den an den Seitenwänden stehenden Pfeilern. Gegenüber dem Portal sind zwei Grabsteine eingemauert, hier sichtbar der des gepanzerten Ritters Christoph von Falkenberg (gest. 1536); ebenso interessant ein Grabstein der Magdalena von Schaffgotsch auf Plagwitz. Erhalten ist ebenso ein Brustbild des Baumeisters über dem Treppenhaus von 1546.

55 LÖWENBERG. STEINMETZE im Jahre 1958 vor dem Rathaus. Wie beim Breslauer Rathaus, das um die gleiche Zeit fertiggestellt wurde, zeigen die flachen Fensterabschlüsse den Übergang zum Renaissancestil und stehen im Gegensatz zu den gotisch gewölbten Innenräumen. Das Material für die Renovierungen liefern – wie schon im Mittelalter für alle großen Bauten – immer noch die Steinbrüche vor der Stadt. Aus Löwenberger Sandstein erbaute 1788–1791 der Schlesier Carl Gotthard Langhans das Brandenburger Tor in Berlin. Auch beim Reichstagsgebäude wurde er verwandt.

56 LÖWENBERG. Der LAUBANER TORTURM gehörte wie der Bunzlauer Torturm einst zu den mit Stolz bewahrten Resten der mittelalterlichen Befestigung. Ihr erhaltener Umfang vermittelt noch ein ziemlich vollständiges Bild der alten, aus Sandsteinquadern der angrenzenden Höhen erbauten Stadtmauer. Zwinger und Graben hatte man in schöne Promenaden verwandelt. Älter als der Torturm sind die Doppeltürme der Kirche zu Mariä Himmelfahrt. Sie hielten stand, als 1640 schwedische Truppen und spätere Feuersbrünste 1704 und 1752 den größten Teil der mittelalterlichen Stadt zerstörten. Zur Zeit ihrer Gründung wurde die Stadt Zentrum der deutschen Waldhufendörfer am Löwenberger Hag.

57 LÖWENBERG. Das WESTPORTAL der Pfarrkirche hat sich den ursprünglichen Zauber der Frühgotik erhalten, auch wenn es um die Erhaltung der Kirche nicht zum Besten steht. Die Figuren im Türbogenfeld stellen fast in Lebensgröße die Krönung Mariens durch Christus dar. Sie sitzen auf einer Bank, der barfüßige Heiland setzt seiner Mutter die Krone auf, während diese seinen Arm stützt; darüber Gottvater als Brustbild, ein Motiv, das hier 100 Jahre später in ähnlicher Gestalt, aber weit stärker im Ausdruck im Tympanon des Portals zur Hedwigskapelle in Trebnitz auftaucht.

58 LÖWENBERG. Der TAUFSTEIN in der katholischen Pfarrkirche gehört zu den besterhaltenen Kunstschöpfungen aus Löwenbergs großer Zeit. Nachdem der anfängliche Goldbergbau im Weichbild der Stadt bereits im 14. Jh. zum Erliegen kam, wurde die Tuchmacherei zu einer Quelle des Wohlstands. Im Jahre 1548 – um diese Zeit könnte man das Zeugnis des Kunsthandwerks datieren – gab es in der Stadt 298 Tuchmachermeister und etwa die doppelte Zahl Gesellen. Die Tuche führte man nach Böhmen, Mähren und Polen aus; der Reichtum der Handelsherren brachte dem Kunsthandwerk Aufträge. Mit dem Dreißigjährigen Krieg verlor das Tuchmacherhandwerk seine Bedeutung. Wirtschaftliche Bedeutung erlangten im vorigen Jahrhundert Mühlenwerke, 1908 eine Reißzeugfabrik. Die Einwohnerzahl von 1939 (6328) hat sich heute nur geringfügig erhöht, vom einstigen Wohlstand ist nichts mehr spürbar.

59 BUNZLAU. Noch immer beherrscht der Rathausturm die alte Töpferstadt, östlich einer slawischen Kastellaneiburg nach dem Mongolensturm deutschrechtlich gegründet. Sie sicherte den Übergang der „Hohen Straße“ über den Bober. Das Rathaus inmitten des 125 × 85 m großen Ringes stand bereits 1457. Der Neubau von 1535 ist ein Werk des Wendel Roßkopf. Einst zierte die barocke Haube des Turmes der preußische Adler, 1945 mußte er einer Wetterfahne weichen. Der 490 m lange Boberviadukt wurde 1844 aus Bunzlauer Sandstein für die Bahnlinie Görlitz–Liegnitz errichtet.

60 BUNZLAU. Vom RATHAUSTURM blicken wir über die Ostseite des Ringes nach der kath. Stadtpfarrkirche St. Mariä und den Neubauvierteln. Die Kirche ist ein spätgotischer Bau (1482–1492), der 1642 erheblich zerstört und danach erweitert wurde. Die neugotische Spitze des Turmes wirkt stilwidrig, sie löste eine im 18. Jh. aufgesetzte Kuppel ab. Im Streit der Konfessionen wechselte die Kirche mehrfach den Besitzer, von 1524–1629 und von 1632–1637 war sie evangelisch. Heute dient sie der polnischen katholischen Gemeinde; die evangelische Kirche ist vom Verfall bedroht.

61 BUNZLAU. Am Portal der renovierungsbedürftigen Pfarrkirche erfreut ein Standbild von MARIA MIT DEM JESUSKIND im Stil des Barock. Auf dem Sockel darunter das alte Stadtwappen: Es zeigt über einer Stadtmauer drei zinnengekrönte (rote) Türme, im Mittelfeld der Mauer auf einem (goldenen) Schild den (schwarzen) schlesischen Adler mit (silbernem) Brustmond. Bis 1925 befand sich in Bunzlau eine der wichtigsten Lehrerausbildungsstätten Schlesiens. Dem Zentrum der Töpferei trug die 1897 eröffnete Keramische Fachschule Rechnung, 1930 durch eine Glasfachschule erweitert. 1910 besaß die Stadt noch 22 Töpfereien, daneben drei keramische Großbetriebe, 1945 nur drei kleine Töpfereien. Polen hat die keramische, Steingut- und Glasindustrie wieder aufgenommen und, vermehrt durch Textil- und Metallwerke, stark entwickelt.

62 BUNZLAU. Das KUTUSOWDENKMAL ist keineswegs neueren Datums! Der eiserne Obelisk stammt von Georg Friedrich Schinkel, die vier Löwen von Hofbildhauer Gottfried von Schadow. König Friedrich Wilhelm III. ließ es 1819 zu Ehren des 1813 während des Feldzuges gegen Napoleon hier verstorbenen russischen Marschalls aufstellen, 1892 versetzte man es in die Wallanlagen. Das Grabmal vor der Stadt ist ebenfalls erhalten. Kein Denkmal erinnert an den hier am 23.12.1597 geborenen Begründer der ersten Schlesischen Dichterschule, Martin Opitz.

63 ALTE BUNZLAUER TONKRÜGE im heutigen „Muzeum Keramski". Die „Bunzlauer Tippel", wie sie der Schlesier liebevoll nennt, sind Töpfe aller Art und Größe, auch Tonkrüge, hier mit hellen unglasierten Reliefs verziert. Ton und Glasur stammen aus schlesischer Erde. Die Eigenart der Bunzlauer Keramik lag darin, daß sie bei der hohen Temperatur von 1340 Grad Celsius gebrannt wurde. Der Glasurlehm wurde nach bestimmten Mischungsverhältnissen aufgebrannt. Hierauf beruhte der Ruf, der zu Ausgang des Mittelalters bis Konstantinopel und St. Petersburg reichte.

64 Die GRÖDITZBURG auf einem Basaltkegel westlich Goldberg bestand schon als Kastellaneisitz der Piasten. 1175 stellte hier Boleslaus der Lange, Vater Herzog Heinrichs I., den Stiftungsbrief für das Kloster Leubus an die Zisterzienser aus. Die Herzöge von Liegnitz bauten sie in der Renaissance aus. Im Dreißigjährigen Krieg abwechselnd von den Heeren umkämpft und besetzt, überlebte sie diesen als Ruine. 1899 erwarb sie der kaiserliche Gesandte von Dirksen und ließ die wichtigsten Teile der Burg durch den Burgenbauer Bodo Ebhardt wiederherstellen. Nach starken Verfallserscheinungen hat man sie seit 1964 als Touristenziel instandgesetzt.

65 Die evangelische Kirche in OBER ADELSDORF Kr. Goldberg gehört zu den etwa 200 Gotteshäusern, welche die Evangelischen nach der Verkündung der Religionsfreiheit durch Friedrich d. Gr. in wenigen Jahrzehnten errichteten. Carl Gotthard Langhans schuf hierfür einen neuen Typ der Predigtkirche im Stil des preußischen Neuklassizismus. Die Protestanten bekamen zwar nicht ihre etwa 650 vor und nach dem Dreißigjährigen Krieg von den Katholiken wieder in Besitz genommenen Kirchen zurück, durften aber nach dem Friedensschluß von 1742 in jedem Ort oder für eine Gruppe kleiner Gemeinden zunächst ein turmloses Bethaus bauen, seit 1764 regelrechte Kirchen mit Turm. Seither hatte in Nieder- und Mittelschlesien ein großer Teil der Gemeinden zwei Gotteshäuser. Heute wird von den polnischen Gemeinden meist nur die katholische Kirche erhalten.

66 PILGRAMSDORF gehört zu den Waldhufendörfern der sog. „Langen Gasse", der längsten Dorfzeile Schlesiens. Mit elf zusammenhängenden Dörfern von Zobten am Bober entlang der schnellen Deichsa bis Haynau war es die erste deutsche Waldsiedlung, die Herzog Heinrich I. an der Innenseite des Löwenberger Hags ins Leben rief. Der Kern der erhaltenen Kirche stammt mit einem schönen Sandsteinportal an der nördlichen Vorhalle aus dem ersten Viertel des 13. Jh., der Turmaufsatz aus dem 18. Jh. Hier spielt der Roman „Wintergewitter" von K. Ihlenfeldt vom Einbruch der Russen im Februar 1945.

67 KAUFFUNG. „Es ist vollbracht“ steht unter dem Kreuz, während – wie meistens bei Renovierungen – die Inschrift unten übertüncht wurde. Das ehemalige Waldhufen- und spätere Industriedorf schlängelt sich 6 km lang im oberen Tal der Katzbach aufwärts zur Kammhöhe des Bober-Katzbach-Gebirges. Kauffunger Kalk und Marmor sind weit über Schlesiens Grenzen hinaus bekannt. An dem steil zur Katzbach abfallenden Mühlberg wurde bläulich geäderter Marmor gebrochen. Zu Mehl zerrieben fand er Eingang in Glashütten und Mineralwasserfabriken. Friedrich der Große holte sich den Marmor zum Bau des „Neuen Palais“ nach Potsdam. Der Eisenbahnanschluß und das Kalkwerk „Tschirnhaus AG“ ließen die Bevölkerung bis 1939 auf 4000 Einwohner anwachsen.

68 SCHÖNAU Kr. Goldberg. Die St. Johannis- oder Niederkirche aus der Frühzeit der deutschen Besiedlung galt als die besterhaltene, rein romanische Kirche Schlesiens und ist es erfreulicherweise noch heute. Aus Bruchsteinen erbaut, steht sie vor der Stadt, umgeben von einem Friedhof und einer ehemaligen Verteidigungsmauer. Die Wehrkirche aus der Zeit des Mongoleneinfalls sieht man ihr noch an. Erfreut findet der deutsche Besucher hier auf dem Friedhof ebenso an der Pfarrkirche zu Maria Himmelfahrt in der Stadt Epitaphe und Grabsteine mit leserlichen deutschen Inschriften.

69 SCHÖNAU. Die Kirche zu Maria Himmelfahrt am Markt entstand im 15. Jh. als Filiale von St. Johannis. Der Ort war um 1300 Weichbildzentrum im oberen Katzbachtal; 1321 als Stadt belegt, blieb sie als bescheidenes Handwerker- und Ackerbürgerstädtchen unbefestigt. Weder die Erhebung zum Kreissitz (1818–1932) noch der Bahnanschluß von Goldberg in Richtung auf das Riesengebirge (Landeshut) 1896 brachten einen Aufschwung. Unter polnischer Verwaltung auf unter 1000 Einwohner abgesunken, verlor sie das Stadtrecht. Seit 1957 sie wieder „stadtartige Siedlung".

70 GOLDBERG. Wie auf dem Vorkriegsbild mit dem SCHMIEDETURM, so beherrscht noch heute die ehemals evangelische Stadtpfarrkirche zu St. Marien und zu St. Michael das Stadtbild. Die Türme mit ihren eleganten Barockhauben sind ein markantes Wahrzeichen der ältesten, deutschrechtlich bezeugten Stadt Schlesiens. 1211 erhielt sie von Herzog Heinrich I. Magdeburger Stadtrecht. Der Goldbergbau, die Lage am südlichen Zweig der „Hohen Straße“ und die gleichzeitig gegründeten Waldhufendörfer in ihrem Weichbild hoben sie früh über andere Städte Schlesiens.

71 GOLDBERG. Das Langhaus der STADTPFARRKIRCHE war Mitte des 14. Jh. als gotische Hallenkirche vollendet. Doch finden sich an dem um 1220 begonnenen Bau noch einige spätromanische Elemente. Sie stempeln ihn zu den frühesten, noch erhaltenen Gotteshäusern Schlesiens. Der große Ostturm erstand im 16. Jh. vor dem Chor, später erhielten beide Türme ihre schwungvollen Barockspitzen. So spiegelt das ehrwürdige Bauwerk den Form- und Stilwandel von vier Jahrhunderten, nicht minder jedoch den Reichtum einer stolzen Bürgerschaft wider. Der Goldbergbau der Gründungszeit war zwar bereits Mitte des 14. Jh. wegen Erschöpfung eingegangen. Krisenfest erwies sich aber das Handwerk der Tuchmacher bis zum Beginn des 19. Jh. Die alsdann entstandenen Tuchfabriken bildeten zwar keinen Ersatz; doch die Regsamkeit der Bewohner ließ andere Industriezweige entstehen (1939: 7860; 1975: 12700 Einwohner).

72 GOLDBERG. In der Stadtpfarrkirche kündet das EPITAPH von Valentin Friedland, genannt TROTZENDORF, einem Pädagogen, der Goldberg in der Renaissance als Gründer und Rektor des ersten humanistischen Gymnasiums in Schlesien berühmt machte. 1490 in Troitschendorf als Sohn eines Bauern geboren, studierte er fünf Jahre lang Theologie in Wittenberg. Hier bestimmten Luther und Melanchthon seinen geistigen Standort. Von 1524–1527 und 1531–1556 leitete er das Gymnasium. Durch eine beispielgebende Organisation seiner Schule gilt er als Begründer eines modernen und zugleich sozialen Schultyps – er führte Selbstverwaltung der Schüler und einen Schulmagistrat ein. 1553 wütete die Pest in der Stadt, ein Jahr später fiel die Schule einem großen Stadtbrand zum Opfer. Trotzendorf setzte mit den verbliebenen Schülern die Arbeit in Liegnitz fort, wo ihn wenig später der Tod ereilte. Goldberg ehrte ihn mit dem noch erhaltenen Grabstein in lateinischen, griechischen und hebräischen Schriftzeichen.

73 GOLDBERG. Die Aufnahme von 1969 zeigt, daß man am RING die alten Fassaden der Patrizierhäuser restaurierte, insbesondere an der Ecke das Haus Oelsner mit dem auffallenden Barockportal. Johann Wilhelm Oelsner war erfolgreicher Pädagoge und Tuchindustrieller. 1825 gründete er in Trebnitz eine Maschinenwollspinnerei. Die Schwierigkeiten, diese Fassaden zu erhalten, sind mit der Verschlechterung der allgemeinen Wirtschaftslage erheblich gewachsen, wie neuere Reiseeindrücke von 1981 beweisen. In vielen Städten fehlt es an Material für Installationen und Dachtraufen.

74 JAUER. Ähnliche Grabsteine und Grabplatten wie an der Seitenfront von St. Martin findet der heutige Besucher an den Außenmauern und Innenwänden großer und kleiner Kirchen noch häufig. Keineswegs sind die deutschen oder oft lateinischen Inschriften immer so gut erhalten wie auf dem Bild. Die Gemeinden lassen im allgemeinen eingemauerte Grabdenkmäler und Epitaphe von historischem Wert bestehen – im Unterschied zu den Zerstörungen und Löschungen im ersten Überschwang der Inbesitznahme des Landes im Jahre 1945–1946. Doch jetzt macht die Verwitterung rasche Fortschritte.

75 JAUER. An der Nordostecke des RINGES ist eine der 1945 entstandenen Baulücken in der Front der Laubenhäuser durch moderne Betonbögen geschlossen worden (rechts). 1945 ging ein Teil der Innenstadt nach Beendigung der Kampfhandlungen in Flammen auf. Jauer wurde 1240 aus wilder Wurzel inmitten einer fruchtbaren Ebene an der Wütenden Neiße, einem Nebenfluß der Katzbach, gegründet und mit starken Mauern umgeben. Bei den Erbteilungen der Piasten wurde die Stadt Sitz eines selbständigen Herzogtums, um 1550 Zentrum des Leinenhandels im Gebirgsvorland.

76 JAUER. Die Figuren am 65 m hohen RATHAUS-TURM wurden früher als die Kurfürsten des alten Deutschen Reiches angesehen (seit 1654: acht); neuerdings deutet man sie als drei Herrscher des Fürstentums Schweidnitz-Jauer – Karl IV., seinen Sohn Wenzel und Bolko II. – und fünf Symbolfiguren der Stände des Herzogtums (Weczerka, Handbuch des hist. Stätten). Sie sollen im 14./15. Jh. entstanden sein. Der gotische Turm mit der späteren Barockkuppel hat alle Wechselfälle der Zeiten überstanden, während das Rathaus mehrfach umgebaut und 1897 nach einem Brande neugotisch erneuert wurde. 1392 fiel das Herzogtum Jauer zusammen mit Schweidnitz als Erbe von Agnes, der Nichte des letzten Piasten und dritten Gemahlin Karls IV., an das Königreich Böhmen.

77 JAUER. Das PORTAL eines Bürgerhauses (jetzt ul. Staszyca 4) erinnert 1981 an den Wohlstand, an die Bildung und das Kunstverständnis der Kaufherren des Tuch- und Leinenhandels in der Renaissancezeit. „Vor dem Dreißigjährigen Kriege stand Jauer im besten Flor, es war fast die alleinige Niederlage des schlesischen Leinenhandels, hatte einen ansehnlichen Gewandschnitt, viele vermögende Kaufleute, die einen ausgedehnten Handel in andere Länder trieben“ (Beschreibung von 1786). Im 19. Jh. brachten vielseitige Gewerbezweige einen erheblichen Aufschwung.

78 JAUER. Die FRIEDENSKIRCHE zum Hl. Geist blieb – ebenso wie die ähnlich gestaltete in Schweidnitz – 1945 vom Kriege verschont. Sie diente zunächst einer evangelischen deutschen Restgemeinde. Da es im Raum um Jauer kaum polnische Protestanten gibt, wurde sie dem Staat übergeben. Offenbar gehört sie jedoch zu den 34 evangelischen Kirchen, welche die polnische Denkmalspflege zu erhalten hofft, um sie zur Verwendung für den katholischen Gottesdienst vorzubereiten oder als Museum zu nutzen. Der große Fachwerkbau wurde als Predigtkirche mit vier Emporen für ein Fassungsvermögen von 5000 bis 6000 Personen aus einem Einzugsbereich von 70 km im Umkreis turmlos errichtet – als Zugeständnis des Westfälischen Friedens von 1648. Es war eine Meisterleistung nach dem Entwurf des Breslauer Festungsbaumeisters Albrecht v. Säbisch, ausgeführt von Andreas Kempner.

79 BOLKENHAIN liegt malerisch über dem Tal der Wütenden Neiße im Schutze eines kleinen Bergrückens. Ihn krönt die weithin sichtbare Ruine der Bolkoburg, 1278 von Herzog Bolko I. von Jauer gegründet. Der runde Bergfried gehört zur gotischen Burg, die 1540 gründlich um- und ausgebaut wurde. Burg und Stadt traten mit der deutschen Besiedlung und deutschrechtlichen Umwandlung altslawischen Siedlungslandes am Gebirgsrand die Nachfolge der benachbarten Kastellaneiburg Schweinhaus als Gebietszentrum an. Sie fielen mit Jauer 1392 an die Luxemburger.

80 BOLKENHAIN. Die Schmalseite des Marktes wird begrenzt durch die katholische PFARRKIRCHE ST. HEDWIG, einen frühgotischen Bau mit dem 1814 neu erstandenen Turm im Stil des Neuklassizismus. Kirche und Laubenhäuser am Berghang mit den eigenartigen Treppenaufgängen sind restauriert und gepflegt. Einst war auch hier die Wirtschaft von der Leinenweberei bestimmt, 1793 fand ein Weberaufstand gegen die Garn- und Flachshändler statt. Das 1809–1810 von Ernst Kramsta gegründete Leinwandgeschäft und die später von dieser Familie gegründete mechanische Weberei gewann für Bolkenhain große Bedeutung. Die Stadt – seit 1971 Kurort – ist aus polnischen Assoziationen mit dem Gründer aus dem Jaueraner Piastengeschlecht ein Anziehungspunkt als Fremdenverkehrsort und Stätte von Burgfestspielen.

81 BOLKENHAIN. Blick von der Burg auf einen Staatsbetrieb. Der große Wirtschaftshof mit den ausgedehnten Ställen und Scheunen gegenüber dem ehemaligen Herrenhaus ist die typische Anlage eines alten Schulzenhofes. Großgrundbesitz einschließlich der Großbauern trugen entscheidend zur Hebung der Landwirtschaft bei. Eine großzügige Wald- und Forstwirtschaft, Moorkulturen, Entwässerungen und eine rationelle Düngung, Bodenmischung und Fruchtfolgeversuche ließen die Erträge erheblich steigen. Schlesien entwickelte sich zu einer Kornkammer Deutschlands.

82 BAUERNGEHÖFT. Die Bewirtschaftung der Bauernhöfe, die in Schlesien etwa 70 v. H. der landwirtschaftlichen Fläche bearbeiten, ist bestenfalls auf den Stand vom Anfang des Jahrhunderts zurückgefallen, sowohl von der technischen Ausstattung als auch der Intensität der Landbebauung her. Geräte sind veraltet, Maschinen weitgehend nicht zu haben, Düngemittel knapp. Ein oder zwei Pferde, geringer Rindviehbestand sind die auch für den Laien sichtbaren Kennzeichen dieses Rückschritts. In die Gebäude kann kaum investiert werden; hieraus erklärt sich der Rückgang der Erträge!

83 BURGRUINE SCHWEINHAUS Kr. Jauer unweit der Bolkoburg im schlesischen Burgenland (Bober-Katzbach-Gebirge). Von der Hochburg mit dem Wohnturm stammt der älteste Teil aus dem 14. und 15. Jh., ebenso der massige Bergfried, typisch für alle schlesischen Burgen. Seit dem 13. Jh. Stammsitz des Geschlechts von Schweinichen. Sein berühmtester Namensträger, Hans v. Schweinichen, stammte nicht von dieser Linie; er war Hofmarschall und Saufkumpan des durch seinen liederlichen Lebenswandel berüchtigten Liegnitzer Piasten Heinrich IV. Burg gepflegt.

84 BOBERRÖHRSDORF Kr. Hirschberg liegt am Südrand des Bober-Katzbach-Gebirges. Seinen Bekanntheitsgrad verdankt das Straßendorf dem Wohnturm. Mit 19 m Höhe und vier Geschossen gilt er als Beispiel für den Typus fränkischer Wohntürme, wie sie am Oberrhein und in der Schweiz häufiger anzutreffen sind. Mit seinen gotischen Wandmalereien im Rittersaal des dritten Geschosses rechnet er zu den bedeutendsten frühmittelalterlichen Baudenkmälern Schlesiens (Grundmann). Rechts die kath. Kirche St. Nikolai, links die 1782 erbaute evangelische Kirche.

85 HIRSCHBERG. Das heutige Stadtbild vor dem Hintergrund des Bober-Katzbach-Gebirges verkörpert mit dem Vierklang der Türme noch immer ein Stück deutscher Geschichte der einst reichen Tuchmacherstadt; in der Mitte der mittelalterliche Turm am ehemaligen Schildauer Tor. Seine durchbrochene Haube atmet ebenso österreichisches Barock wie daneben Kuppel und Turm der evangelischen Gnadenkirche von 1718 und links folgend die Turmbekrönung der katholischen Pfarrkirche, das älteste mittelalterliche Bauwerk. Preußisch bestimmt ist der Rathausturm.

86 HIRSCHBERG. Die kleine Kirche ST. ANNA mit ihrem Dachreiter scheint mit dem Schildauer Turm durch dessen Barockhaube zu einer Einheit verwachsen. Ratsbaumeister Caspar Jentsch erneuerte das Bauwerk 1715–1716. Es war 1514 zuerst als Torkirche aus einer vorangegangenen mittelalterlichen Wehranlage entstanden (Grundmann in: Jessen, „Hirschberg, Loblied der Zeitgenossen"). Seit 1958 dient das Gotteshaus der orthodoxen Gemeinde. Dahinter die katholische Stadtpfarrkirche zu St. Erasmus und Pankratius ist eine Bruchsteinbasilika aus der zweiten Hälfte des 14. und Anfang des 15. Jh. Damit gehört sie in die Zeit einer fruchtbaren Verbindung Schlesiens mit Böhmen unter den Luxemburgern in Prag. Die wirtschaftliche Blüte setzte sich fort, als König Wladislaus von Böhmen der Stadt das Recht eigener Ratswahl (1502) und (1519) zur Abhaltung eines Jahrmarktes verlieh. Bedeutsam wurde die Ablösung der Tuchmacherei durch die Leineweberei.

87 HIRSCHBERG. Der barocke Hochaltar in der STADTPFARRKIRCHE verbindet sich mit dem lichten gotischen Chor, seinen hohen Pfeilern und leichten Springgewölben zu einer Einheit. „Er ist ein gesichertes Werk des vielleicht bedeutendsten schlesischen Barockbildhauers, Thomas Weißfeld, aus den Jahren 1713–1718. Dieser Meister, seiner Herkunft nach ein Norweger aus Christiania, zeigt mit eben dieser Herkunft, wie das schlesische Barock nicht nur vom südwestlichen Kulturraum erklärbar ist, sondern wie gerade der nordische Einschlag zu den künstlerisch fruchtbarsten Gestaltungen geführt hat" (Grundmann). Das Altarbild von Johann Kretschmer verkörpert die Verklärung Christi, umrahmt von einer Schreinerarbeit des Hirschberger Tischlers Hielscher. Der Vergleich mit früheren Bildern des Kirchenraumes läßt die Kronleuchter vermissen; zudem wirken im Kirchenschiff die Wandmalereien der polnischen Restauration stilwidrig.

88 HIRSCHBERG. Das RATHAUS, 1747–1749 nach den Plänen des preußischen Baudirektors Hedemann aufgeführt, signalisiert in dem bis dahin vom österreichischen Barock und Rokoko erfüllten Land den Übergang zum Stil des Neuklassizismus nach preußischem Vorbild. Es war das erste öffentliche Gebäude unter der Regierung des Preußenkönigs Friedrich II., von ihm selbst gefördert. In seinen ausgewogenen Proportionen in Grundriß und Aufbau spricht es für die klare, auf nüchterne Zweckmäßigkeit gerichtete preußische Staatsgesinnung. Ein historisch einwandfreies Gründungsdatum für die Stadt ist nicht belegbar, doch stellte Herzog Bernhard von Löwenberg 1281 in „Hyrzberc" eine Urkunde aus. 1288 gestattete Herzog Bolko I. von Löwenberg-Jauer mit Zustimmung „unserer Bürger von Hyrzberc" die Erbauung einer Schenke in Warmbrunn. Der deutsche Name und das Wappen – ein auf Felsen stehender Hirsch – bezeugen die deutsche Gründung aus wilder Wurzel. Sie gerät in Vergessenheit, wenn der heutige Besucher über dem Portal zum Rathaus die lateinische Inschrift mit der Benennung von Herzog Boleslaus als Gründer liest, die neu angebracht wurde.

89 HIRSCHBERG. Rund um den RING bildeten einst die Laubenhäuser mit ihren kunstvollen Barock- und Rokokofassaden eine ungemein reizvolle und harmonische Giebelfront. Ihre Namen zeigten an, welchen Zwecken die Häuser dienten: Da gab es die Tuchlaube, die Kornlaube, die Kürschner–, die Stricker–, die Garn– und Butterlaube. Die Fundamente gehen zum Teil bis ins späte Mittelalter zurück. Auf dem alten Bild herrscht das muntere Wochenmarkttreiben von einst: Die Bäuerinnen bieten ihre Erzeugnisse, Obst und Gemüse, in ihrem behäbigen schlesischen Gebirgsdialekt an.

90 HIRSCHBERG. Nach den Zerstörungen und Ausplünderungen der bei Kriegsende unversehrten Häuser haben die polnischen Restaurateure die Baukörper der alten Laubenhäuser rings um den Ring wiederhergestellt bzw. wieder aufgebaut. Die anheimelnde Atmosphäre der alten Ringbebauung mit den mannigfaltig verzierten Fassaden über den Laubengewölben vermochten sie jedoch trotz erheblichen Mühens nicht wieder zum Leben zu erwecken. Für denjenigen, der sie kannte, erscheinen die neuen weißen Betonwände und die zum Teil flachen Gewölbedecken fremd und kalt.

91 HIRSCHBERG. Die Orgel in der GNADEN-KIRCHE von dem Berliner Orgelbauer Röder ist eine Stiftung des reichsten der Hirschberger Handelsherren, Christian Menzel (1729). Der Meister der leichtbeschwingten Ornamentsschnitzereien und Putten ist nicht bekannt. Die Orgel über dem Altar steht auf einem eigens eingebauten Orgelchor. Die Deckengemälde darüber sind ebenfalls eine Kaufherrenstiftung. Die Kirche (Baumeister Martin Frantz) verdankt ihre Entstehung König Karl XII. von Schweden (Altranstädter Konvention von 1707) und dem Opfersinn der evangelischen Bürger. Die Bürgerschaft erkaufte die ihr vom Kaiser zuteil gewordene „Gnade“, die Kirche bauen zu dürfen, mit 3000 Dukaten und zusätzlich 100 000 Gulden Darlehen an die kaiserliche Kammer zu Wien, die nie zurückgezahlt wurden.

92 HIRSCHBERG. Das ehemalige KUNST- UND VEREINSHAUS, 1904 im Jugendstil errichtet, kennzeichnet die Entwicklung zum Wirtschafts- und Kulturmittelpunkt sowie Zentrum des Fremdenverkehrs in das Riesengebirge: seit 1742 Kreissitz, 1866 Eisenbahnanschluß Görlitz–Berlin, ein Jahr später Waldenburg–Breslau. Die Industrialisierung setzte neue Akzente: Leinenindustrie, optische Werke, Maschinen-, Holzstoff-, Papierfabriken, Mehl- und Schneidemühlen. 1945 unzerstört, war die Stadt starkem Verfall preisgegeben, dessen Spuren noch keineswegs getilgt sind.

93 BAD WARMBRUNN Kr. Hirschberg. Das Schloß der Reichsgrafen von Schaffgotsch ist eine großzügige Anlage im Spätbarock. Der Speisesaal blieb trotz der Plünderungen des Mobilars nach 1945 erhalten; Kronleuchter, Alkoven und Möbel ersetzte man. Die Grafen von Schaffgotsch trugen wesentlich zur Entwicklung des Bades bei. Sämtliche älteren Bauten gehen auf ihre Initiative zurück, so die Badehäuser, zu denen schon 1627 ein „Arme-Leute-Bad“ gehörte, das 1802 erbaute Duschehaus, 1823 das Leopoldsbad. Wenig später kamen für das Vergnügen der Badegäste die sogenannte „Galerie“ und das Theater sowie ein Gesellschaftshaus, Brunnenhäuser und Grünanlagen hinzu. Hier gaben sich im 18. und 19. Jh. die große Gesellschaft und der europäische Hochadel ein Stelldichein. Goethe bestieg von hier aus 1790 die Schneekoppe. Nach 1945 sind neue radioaktive Quellen entdeckt worden, die zu einem weiteren Aufschwung beitragen können.

94 BAD WARMBRUNN. Das HOCHALTARBILD einer Himmelfahrt Mariens ist in der von dem Hirschberger Stadtbaumeister Caspar Jentsch geschaffenen Propsteikirche ein Kunstwerk von Rang. Die Figuren sind leidenschaftlich bewegt, die Farben leuchten im Wechsel von hell und dunkel. Der Maler Michael WILLMANN, eine der bedeutendsten Persönlichkeiten des deutschen Frühbarock, war geprägt von der geistigen Bannkraft der Gegenreformation. 1630 in Königsberg in Preußen geboren, schulte er sich in Holland an Rembrandt, van Dyck und Rubens. Seine Stellung als Hofmaler des Großen Kurfürsten gab er auf, um nach seinem Übertritt zum Katholizismus seine Arbeitskraft in den Dienst der schlesischen Zisterzienserklöster zu stellen. „Aus diesem tief religiösen Erlebnis geht auch der künstlerische Wandel hervor, der ihn, den Ostpreußen, ganz in den süddeutschen Barock hineinwachsen läßt“ (Dagobert Frey). Seit 1666 bis zu seinem Tode 1706 lebte er im Kloster Leubus.

95 BAD WARMBRUNN. Die EVANGELISCHE KIRCHE wurde nach dem Kriege noch lange von einer evangelischen deutschen Restgemeinde benutzt. 1777 trat sie an die Stelle eines hölzernen Bethauses, das die Evangelischen sofort 1742 errichtet hatten. Der schlichte Bau nach einem Entwurf des Hirschberger Baumeisters Demus setzt die von Carl Gotthard Langhans begründete Tradition einer rechteckigen Predigtkirche fort. Das Gotteshaus gehört zu den wenigen ehemals evangelischen Kirchen, die von der zahlenmäßig sehr schwachen polnischen evangelischen Kirche übernommen und weiter gepflegt werden konnten. 1981 begann man mit der Restaurierung.

96 Der KYNAST, ein 627 m hoher, dem Hochgebirgskamm vorgelagerter Granitfelsen trägt die wohl wegen ihrer Lage eindrucksvollste schlesische Burg. Bis 1675 ein Blitzschlag sie in eine Ruine verwandelte, war sie der Sitz der Grafen von Schaffgotsch. Nach der Sage, die früher alljährlich in Festspielen auflebte, wagten einst zahlreiche Ritter den Umritt um die Mauer und stürzten in den Höllengrund. Kunigunde, schöne und stolze Erbin des Burggrafen, hatte gelobt, nur dem ihre Hand zu geben, der jenes Wagnis vollbrächte. „Endlich bestand ein Ritter, der schon beim ersten Anblick tiefen Eindruck auf sie gemacht hatte, die Probe. Danach aber erklärte er ihr, daß er, der Landgraf von Thüringen, bereits verheiratet und lediglich gekommen sei, um ihren Frevelmut zu strafen. Die ehedem so grausame Jungfrau warf sich nun, von Scham und Verzweiflung erfüllt, in den Abgrund“ (Victor Schaetzke, Schlesische Burgen und Schlösser, Schweidnitz 1912).

97 „WIESENSTEIN“ nannte Gerhart Hauptmann sein Haus, 1900 von Hans Griesebach erbaut, nunmehr als ein Kindergarten genutzt. In Agnetendorf, dicht unter dem Riesengebirgskamm, war der zur Weltliteratur zählende große Dichter und Sohn schlesischer Erde den Naturgewalten und Bergdämonen so nahe wie den Spukgestalten der schlesischen Seele, die in mancher seiner Dichtungen umgehen. Gern schaute er den Gebirglern aufs Maul, die ihm zuweilen den Stoff für seine Dichtungen abgaben: durch die Landschaft und das harte Leben knorrig, oft eigenwillig und kauzig bis hin zum Sinnieren neigend. Auf Grund eines Schutzbriefes des russischen Kommandanten von Liegnitz blieb dem Dichter die Ausweisung erspart. Er verstarb in seinem Hause am 6. Juni 1946 und wurde auf dem Friedhof zu Kloster bei Hiddensee auf Rügen beigesetzt.

98 SCHILDAU Kr. Hirschberg. Das Bauernhaus im Mittelgebirge hatte sich im Zuge der Besiedlung des Waldlandes als Holzfachwerk- oder Schrotholzbau entwickelt und im Laufe der Jahrhunderte kaum verändert. Es ist zweigeschossig und gehört zum Grundtyp des mitteleuropäischen Wohnstallhauses. Dreigeteilt reihen sich Stube, Herdraum und Stall aneinander. Beim Umgebindehaus tragen die „Ständer" das Hängefachwerk des Untergeschosses – hier verputzt und daher nicht mehr sichtbar. So werden die Schrotholzwände von der Last des Obergeschosses und Daches befreit.

99 PETERSDORF Kr. Hirschberg. Hier fällt der Blick auf einen der „Ständer“ mit dem das Obergeschoß tragenden Stützbalken; hinter ihnen tritt die Stubenwand zurück. Die Ständer stehen in Abständen von 2,50 m bis 7 m unmittelbar auf dem Sockelmauerwerk und bewahren die Holzwände vor dem Deformieren. Die Tragfähigkeit des Hängefachwerks ist durch Einziehen eines von Ständer zu Ständer reichenden Brustriegels, der mit Streben verblattet und verzapft ist, erhöht (Loewe, Schlesische Holzbauten). Das Ganze zeugt für solide Zimmermannsarbeit, die Jahrhunderte überstanden hat. Einen gewissen Schönheitssinn des Zimmermanns offenbart die Bearbeitung der Balkenränder und des Fensterbretts.

100 NIEDER SCHREIBERHAU unter den Schneegruben ist ein Ortsteil der am weitesten verzweigten ländlichen Siedlung in Schlesien. Oberhalb von Warmbrunn und Petersdorf zieht sich die Gemeinde – einstmals aus Nieder, Mittel, Ober Schreiberhau, Josephinenhütte und zahlreichen Kolonien bestehend, 1959 zur Stadt erhoben – über eine Länge von mehr als 20 km im breiten Tal des Zacken aufwärts. Zwischen dem Hohen Iserkamm und dem Riesengebirgskamm arbeiteten sich die mittelalterlichen Siedler in den riesigen Bergwäldern hoch. Große Mengen billigen Holzes, Quarzsand oder gemahlener Quarz als Werkstoff sowie Wasserkraft zum Bewegen der Schleifräder waren die Grundvoraussetzungen für die Glaserzeugung, die 1366 mit der „Glasehütte in den Schribirshau" urkundlich erwähnt wird. Aber erst 250 Jahre später trat die Glasherstellung in das Licht der Geschichte, als Hans-Ulrich Graf Schaffgotsch 1616 Wolfgang Preußler die Erlaubnis erteilte, eine Glashütte zu bauen.

101 HIRSCHBERG. Die Vase gehört zu den alten Beständen des heutigen Museums und wurde vermutlich in der weltbekannten „Josephinenhütte" hergestellt, die seit 1956 unter dem Namen „Julia-Hütte" weiterarbeitet. Die Josephinenhütte war lange Zeit das einzige bedeutende Unternehmen im preußischen Staate, das sich mit der Herstellung von Kristallglas und dessen Verarbeitung zu Kunstfabrikaten befaßte. Früh verlegte sie sich auf die industrielle Herstellung wertvoller Luxusgläser. Die Verbindung mit Schliff, Malerei und Gravur erzielte mannigfaltige Effekte. Ihre Kunstwerke brachten der Hütte im vorigen Jahrhundert auf den verschiedensten Weltausstellungen Preise und höchste Auszeichnungen ein. Durch den Zusammenschluß von drei bisher getrennten Werken des Grafen Schaffgotsch im Jahre 1923 bildete sie den bedeutendsten kristallerzeugenden Industrieblock des Landes.

102 Die SCHNEEGRUBENBAUDE, 1490 m hoch gelegen, war 1896 einer der ersten Berggasthöfe auf dem Kamm. Zwischen der Großen und Kleinen Schneegrube – auf Gletschermulden zurückzuführende, 300 m tiefe Bergkessel – war sie 50 Jahre lang ein vielbesuchtes Ziel der Kammwanderer; denn der Kammweg konnte, auch als 1919 die österreichischen durch tschechoslowakische Grenzpfähle ersetzt wurden, ungehindert als Wanderweg benutzt werden. Auf beiden Seiten wohnten ja Deutsche! Die hier verlaufende „Friedensgrenze“ schafft dem Wanderer Probleme!

103 SCHREIBERHAU Kr. Hirschberg. Die ehemalige Jugendherberge (heute „Touristenherberge“) verrät die gepflegte alte Bauweise in dem bekannten Fremdenverkehrsort. Die ins Künstlerische übergehende, werkgerechte Behandlung der Balken an der Veranda, mehr noch die Holzfigur an der Ecke lassen den Einfluß der Warmbrunner Holzschnitzschule erkennen. Zur Förderung der in 25 Orten des Iser- und Riesengebirges heimischen Holzindustrie der Gebirgsbewohner 1902 ins Leben gerufen, entfaltete sie unter Prof. Cyrillo dell'Antonio eine weithin anerkannte Tätigkeit.

104 KRUMMHÜBEL Kr. Hirschberg entwickelte sich – wie das alte Foto zeigt – seit der Jahrhundertwende aus einer Holzarbeitersiedlung nach und nach zum bedeutendsten Fremdenverkehrsort des östlichen Riesengebirges. Den Schneegruben entsprechen hier die Steilabfälle des Großen und Kleinen Teiches unter dem Kamm (rechts). Bekannt wurde Krummhübel durch die Laboranten: Laienapotheker, die aus den Kräutern der Gegend, gestützt auf jahrhundertealte Erfahrungen, mannigfaltige Volksarzneien herstellten und sie weit über die Grenzen Schlesiens vertrieben.

105 KRUMMHÜBEL. Das heutige Bild macht erkennbar, daß sich der Charakter des Fremdenverkehrsortes nicht gewandelt hat. Er wird von den Polen im Sommer ebenso geschätzt wie von den Deutschen, für die ein modernes Hotel im oberen Ortsteil zur Verfügung steht. Als Wintersportzentrum hat Krummhübel seine einstige Bedeutung eingebüßt, weil Polen die Karpaten bevorzugen. Jenseits des Hirschberger Talkessels erheben sich im Osten der Landeshuter Kamm, im Hintergrund schwach die Höhen des Bober-Katzbach-Gebirges, davor im Grunde die Kegel der Falkenberge.

106 Die KIRCHE WANG in Krummhübel / Brückenberg ist eine Stabwerkkirche, die äußerlich manche Ähnlichkeit mit den oberschlesischen Holzkirchen hat. Der Name der Kirche bezeichnet ihre Herkunft aus Wang am Wangersee in Norwegen. Dort entdeckte und ersteigerte sie der in Dresden lebende Landschaftsmaler Prof. Dahl, als sie einem Neubau weichen sollte. Es gelang ihm, Friedrich Wilhelm IV., den Romantiker auf dem preußischen Königsthron, zum Ankauf der Kirche zu bewegen. Eine Runeninschrift und das merkwürdige Schnitzwerk an Säulen und Türen deuten auf die erste Hälfte des 13. Jh. Die deutschen Grabstätten sind ein erfreuliches Zeichen einer nach den Kriegswirren wiedergewonnenen Toleranz, freilich an einem Ort, der bis zur polnischen Wirtschaftskrise alljährlich von vielen tausend Besuchern aus der DDR und aus Westdeutschland aufgesucht wurde.

107 Frühling unter der SCHNEEKOPPE, als Thema dieser neueren Aufnahme, mutet uns zeitlos an. Das Riesengebirge ist ein Bergland voll unerschöpflicher Naturschönheiten geblieben, einmal, weil es nicht mehr die frühere Bedeutung für den Fremdenverkehr hat und der Stand der Gastronomie den Zustrom begrenzt; zum anderen trägt die 1959 erfolgte Errichtung des Nationalparks Früchte. Er hat zwar nicht die Ausdehnung des 1963 vom Tschechisch-slowakischen Staat geschaffenen Nationalparks, reicht aber offenbar aus, um eine Zersiedelung zu verhindern. Seit Beginn der siebziger Jahre waren es vorwiegend Deutsche aus der Bundesrepublik und der DDR, die man auf den Wanderwegen antraf. Für den weniger ausgeprägten Wandersinn der Polen schienen die beiden Sessellifte von Brückenberg zur sogenannten Kleinen Koppe am Koppenplan und von Oberschreiberhau nach dem Reifträger zu genügen. 1981 ist es wieder stiller geworden. Der Reiseverkehr aus der DDR ist gedrosselt, und für die wenigen Besucher aus der Bundesrepublik ist der Kammweg als militärische Zone nicht zugänglich.

108 SCHMIEDEBERG. Zwei GRUFTKAPELLEN an der kath. Pfarrkirche überstanden 1792 eine Feuersbrunst. Das schmiedeeiserne Gitter verrät einen hohen Stand bürgerlicher Kultur im Barock und Rokoko. Sie verdankt ihre Entstehung der seit 1355 beurkundeten Ausbeutung der Bodenschätze der Gegend, vor allem des Magneteisensteins, der nach 1946 wieder gefördert wurde. Seit 1880 förderte die oberschlesische „Vereinigte Königs- und Laurahütte AG" Erze und verhüttete sie in Oberschlesien. Zahlreiche Textil- und andere Betriebe aus deutscher Zeit arbeiten wieder.

109 LANDESHUT. Hinter neu angelegten Teich mischen sich die historischen Türme mit den Schornsteinen des heute größten Leinenproduktionsortes in Schlesien (1939 nach Eingemeindung der umliegenden Dörfer 13688, 1970: 21090 Einwohner). Links die ehemalige Gnadenkirche zur Hl. Dreifaltigkeit – wie die Hirschberger auf Grund der Altranstädter Konvention 1709–1720 von Martin Frantz erbaut – ist heute als katholische Kirche in gutem Zustand. Es folgen nach rechts die Türme des Rathauses und der katholischen Pfarrkirche St. Peter und Paul (14.–16. Jh).

110 LANDESHUT. Das Rathaus ist jüngeren Datums und steht nicht am laubenumsäumten Ring. Die alte Leineweber- und spätere Kreisstadt war des „Landes Hut". An der Grenze hütete sie die Paßstraße nach Böhmen, die kürzeste Verbindung zwischen Breslau und Prag. Auf ihr bewegten sich seit Jahrhunderten der Handel und der Krieg! 1334 bestätigte ihr Herzog Bolko II. von Schweidnitz die Stadtrechte und daß sie sein Großvater Bolko I. „von neuer wurtzel uss hat gesatzt"! Zu dem Durchgangshandel kam die Mittelpunktfunktion für das Weichbild, Tuchmacherei und Leineweberei. 1852 leitete die Gründung der Leinenfirma der Brüder Carl und Robert Methner (später Methner & Frahne AG) eine neue Wirtschaftsblüte ein. Weitere bedeutende Leinenfirmen folgten; hinzu kamen eine Gerberei, eine bedeutende Schuhfabrik, eine Textilmaschinenfabrik u. a. Nach 1945 wurden diese Industrien fortgeführt und ausgebaut.

111 LANDESHUT, Eingang zum Friedhof. Das Stimmungsbild vom verlassenen Friedhofstor am Stadtrand könnte überall dort aufgenommen worden sein, wo im letzten Jahrzehnt ein deutscher Besucher die Stille sucht, um sich vor dem ihm fremd bleibenden Getriebe in der einst vertrauten Umgebung zurückzuziehen! In die Freude über so manche sehenswerte Überreste vergangener Zeiten mischt sich immer wieder ein Verstörtsein, wenn man die fremden Laute hört und die ungewohnte Lebensart der jetzigen Bewohner beobachtet. Daß sie uns meist ausgesprochen freundlich begegnen und sich trotz erheblicher sprachlicher Verständigungsschwierigkeiten doch im persönlichen Bereich ein menschliches Einvernehmen Bahn bricht, ist hoffnungsvoll und tröstlich!

112 LIEBAU Kr. Landeshut war eine unbefestigte Leineweberstadt, bis 1810 dem Kloster Grüssau gehörig, außerdem Vorort der umgebenden Stiftsdörfer, die ihre Produkte dorthin auf den Markt brachten. Unsoziales Verhalten führte 1793 zu Weberunruhen. Wie im Eulengebirge kam es 1830–1840 auf Grund der veränderten Weltwirtschaftslage zu einer erneuten Krise für die Weber. Mit der Ablösung des Webstuhls entstanden fünf Textilwerke, eine Glashütte (1873) und eine Möbelfabrik. Nach dem Ersten Weltkrieg kam der Fremdenverkehr hinzu (1939: 5702; 1970: 6673 Einw.).

113 SCHÖMBERG Kr. Landeshut. Hoch überragt die katholische Pfarrkirche St. Josef die kleine Ackerbürgerstadt an der böhmischen Grenze. Im 13. Jh. im Quellgebiet von Bober und Zider gegründet, kam sie 1289 an Schlesien als Geschenk König Wenzels an Herzog Bolko I. von Löwenberg–Jauer. 1360–1810 gehörte sie zum Kloster Grüssau und profitierte von der Wirtschaftskraft dieses gut geleiteten Stifts. Unter Abt Bernhard Rosa erhielt die Leineweberstadt schöne Barockbauten: Pfarrkirche (erbaut 1672–1690), Rathaus (1687 ff.) und die steinernen Laubenhäuser am Markt.

114 SCHÖMBERG. Der in strengem Rechteck angelegte Markt ist noch stiller als einst. Vom letzten Krieg unzerstört, ist der Ort stark vernachlässigt. Die alten Gassen und Winkel haben ihren traulichen Reiz eingebüßt. Die 1967 abgebildete Front der Laubenhäuser am Ring ist fast vollständig eingerüstet (1981), um sie zu restaurieren und vor dem Verfall zu bewahren, der die gegenüberliegende Ecke und Seite vor der Kirche betroffen hat. Als besondere Zierde der alten Leineweberstadt stehen die Laubenhäuser immer noch unter Aufsicht des Landeskonservators, hoffentlich mit Erfolg!

115 SCHÖMBERG. Die „Zwölf Apostel", jetzt noch elf, waren eine Webersiedlung in Holzfachwerk aus dem 18. Jh. Nach dem Krieg zunächst verwahrlost, stehen sie wieder unter Denkmalschutz. Von den weiteren artgleichen Weberhäusern „Sieben Brüder" sind drei abgebrannt. In Schömberg und in den umliegenden Dörfern hielt sich die Hausweberei noch bis ins 20. Jh. 1913 gab es 149, 1927 noch 47 Hausweberfamilien. Sie übten das Handwerk als Nebenverdienst, vorwiegend mit kunstgewerblichem Einschlag, aus. Der Staat unterstützte bis zum Ersten Weltkrieg dieses Vorhaben durch eine Webfachschule.

116 FRIEDLAND im oberen Steinetal war ursprünglich nach Böhmen orientiert und wurde im 13. Jh. von böhmischen Benediktinern aus Politz deutsch besiedelt. Später gehörte der Ort zum Fürstentum Schweidnitz, kirchlich bis 1654 zum Prager Erzbistum. Rechts die katholische Kirche St. Michael ist 1350 bezeugt, 1866 erneuert. Links die evang. Kirche, die inzwischen zum Teil eingestürzt ist. Neben Textilindustrie gab es holzverarbeitende Betriebe, die heute noch tätig sind. Wegen der Randlage am Industriegebiet setzte nach 1945 ein starker Verfall der Gebäude ein.

117 FRIEDLAND. Die an dem FINDLING angebrachte Gedenktafel erinnert daran, daß Schlesien im Frühjahr 1813 Mittelpunkt weltpolitischen Geschehens wurde. Darauf blickten die Schlesier Jahrhundertfeiern 1913 mit Stolz zurück: Im Januar übersiedelte König Friedrich Wilhelm nach Breslau, dort erließ er am 3. Februar den Aufruf zur Bildung freiwilliger Jägerkorps. Am 10. März stiftete er das Eiserne Kreuz, erließ am 17. März den „Aufruf an mein Volk" und erklärte am 16. März Napoleon den Krieg, in dem der französische Kaiser von der Koalition besiegt wurde.

118 GRÜSSAU. Zwischen Landeshut und Schömberg, von Wäldern, Wiesen und Feldern eingerahmt, ragen die schwungvollen Kuppeln der Marienkirche ins Land. Herzogin Anna, Witwe des 1242 auf der Wahlstatt gefallenen Herzogs Heinrich II., gründete das Kloster für Benediktinermönche aus Böhmen. 1292 übernahmen es die Zisterzienser aus Heinrichau und vermehrten seinen Besitz auf 330 qkm mit 40 Dörfern und den Städten Schömberg und Liebau. 1728–1734 entstand unter Abt Innozenz die Marienkirche, eines der bedeutendsten Baudenkmäler des Hochbarock.

119 GRÜSSAU um 1970. Die Fassade über dem Hauptportal dient der Verherrlichung Mariens, der die Kirche geweiht ist. Unten steht an jeder Säule eine Kolossalfigur, von denen zur Linken Moses, zur Rechten Papst Gregor sichtbar werden. Auf dem Hauptgesims über den Säulen fällt der Blick auf die Statue der Himmelskönigin. Der Planverfertiger ist unbekannt, muß aber unter dem Einfluß der Schule des großen Prager Barockbaumeisters Christoph Dientzenhofer gestanden haben (Grundmann). Die Bauausführung lag in den Händen des Grüssauer Stiftsbaumeisters Anton Jentsch aus Liebau. Vor dem letzten Krieg war die Verwitterung einiger Figuren so groß, daß sie abgebaut und in den Werkstätten der Firma Zeidler & Wimmel in Bunzlau durch die Hand des Bildhauers Birr erneuert werden mußten. Auch 1981 war die Kirche immer noch, wie schon seit vielen Jahren, eingerüstet. Es bleibt zu hoffen, daß die Erhaltung gelingt.

120 GRÜSSAU Kr. Landeshut. Gewaltig wie das Äußere ist der Innenraum der MARIENKIRCHE. Die Seitenkapellen geben dem durch Vierung und Querschiff ohnehin großzügigen Kirchenraum seine Weiträumigkeit. Wie hier die Kanzel und das Chorgestühl, so sind auch Orgel und Hochaltar mit reichen Schnitzereien versehen, nach Entwürfen und Modellen von Maximilian Brockhoff hergestellt in der Bildhauerwerkstatt von Anton Dorasil und Marianus Lachel. „Die reizvolle Verbindung der figuralen Plastik in zeitgemäßer Rokokleidung mit dem kraftvollen Bild der Architektur kennzeichnet dieses Spätwerk des schlesischen Barock" (Grundmann).

121 AUF DER FLUCHT, Gemälde von Michael WILLMANN in der Josefskirche zu Grüssau, die Abt Bernhard Rosa durch Baumeister Martin Urban errichten ließ. „Was aber diesen Kirchenraum auszeichnet, das war die einheitliche Ausmalung durch den größten Maler Schlesiens in der Barockzeit... Die Ausmalung der Josefskirche steht ziemlich am Ende seines fruchtbaren Lebens. Sie entstand 1692–1695. Die Decke enthält die großen alttestamentarischen Szenen der Genesis in einer an die Sixtina erinnernden Aufteilung des Programms... während in der Apsisrundung und an den Rückwänden der Seitenkapellen die Legende des Hl. Josef in einer volkstümlich zu Herzen gehenden, fast lyrisch anmutenden Art der Komposition und der Beseelung der Gestalten wiedergegeben ist" (Günther Grundmann, Barocke Kirchen und Klöster in Schlesien, München 1971).

122 Das SÜHNEKREUZ bei Grüssau war eines von 727 Steinzeichen dieser Art, die es nach einer im Volkskundeatlas getroffenen Feststellung in den Regierungsbezirken Breslau und Liegnitz gegeben haben soll. Sie waren entgegen einer weit verbreiteten Volksmeinung nicht Zeugen uralter heidnischer Vorzeit, sondern christlich-kirchlicher Gesinnung erwachsen. Aufgestellt wurden sie zwischen dem 13. und 16. Jh. bei einem Mord oder tödlichen Unfall auf Anordnung des Gerichts neben anderen Forderungen der Buße an den Täter. Sie trugen keine Namen; jeder wußte Bescheid (Walter Steller).

123 Das WALDENBURGER BERGLAND zwischen Riesen- und Eulengebirge ist eine geologisch besonders interessante Landschaft. Die höchsten Erhebungen sind vulkanischen Ursprungs. Der Kohlenbergbau ist erst seit 1366 beurkundet, die erste Bergordnung stammt von 1532. Das Recht auf den Abbau der Metalle stand seit altersher dem Landesherrn, das auf Kohle dem Grundherrn zu. Unter preußischer Oberhoheit durfte mit Genehmigung der Bergbaubehörde jedermann schürfen. Noch 1793 lag die Kohleförderung hier weit über der Oberschlesiens.

124 GOTTESBERG Kr. Waldenburg war die höchstgelegene Stadt im ehemaligen Preußen und eine Gründung sächsischer Bergleute. Stadtrechte erhielt sie von König Wladislaus von Böhmen als „freyebergstadt" 1499. Der Silberbergbau kam im Dreißigjährigen Krieg zum Erliegen. Spätere Versuche, ihn wieder zu beleben, waren erfolglos. Auch der in mehreren Gruben betriebene Kohlenbergbau blieb unergiebig. Im 18. Jh. gewannen die Hausweberei, später kleinere Spinnereien, Leinewebereien und Strumpfstrickbetriebe Bedeutung. Heute wird die Schwerspatgewinnung fortgesetzt.

125 REIMSWALDAU Kr. Waldenburg. Die Baugruppe der kleinen Schrotholzkirche und des Glockenturmes, der in die Mauerumfriedung einbezogen ist, scheint mit der Landschaft verwachsen zu sein. Die Kirche aus der Zeit um 1600 ist die reizvollste Schrotholzkirche im waldreichen Waldenburger Bergland. Das massive Mauerwerk des Tores bildet zugleich den Sockel für das Fachwerk des Glockenturmes. Die ursprünglich evangelische Kirche wurde 1654 auf Grund der Bestimmungen des Westfälischen Friedens katholisch. 1981 wurde die Kirche als geschütztes Baudenkmal geschlossen.

126 REIMSWALDAU. Das KIRCHENINNERE (alte Aufnahme) ist ein seltenes Beispiel für die Volkskunstmalerei des 17. und 18. Jh. Das Holzfachwerk des Kanzelaufgangs, der Emporen und holzverschalten Decken ist mit dem Pinsel marmorartig farbig gestaltet. „Indem man zugleich die reichen Kirchenbauten der Klöster und größeren Städte entstehen sah, in denen edle Materialien wie geäderter Marmor und gemalte Edelhölzer in Stucco-Lustro oder Intarsientechnik verwendet wurden, bemühte sich die dörfliche Ornamentik um deren Nachahmung. Zugleich wurden die Arabeskenmotive der Renaissance als zweites Grundelement übernommen“ (Grundmann, Bunte schles. Bauernstuben und Dorfkirchen, Westermann Bd. 158 Heft 946).

127 WALDENBURG, Blick von der Schillerhöhe. Der Industrieort hat das Glück, inmitten bewaldeter Berge zu liegen. Im Zentrum der Turm der evangelischen Kirche. Lange war Waldenburg ein unbedeutender Ort, bis Ende des 18. Jahrhunderts der Leinenhandel die Wirtschaft belebte. Durch staatliche Förderung kam der Bergbau in Schwung. Wegen des Abbaues der Kohlepfeiler unter der Stadt hat sich das Wohngebiet in den letzten Jahrzehnten auf die umliegenden Ortschaften ausgedehnt. Die Zahl der Einwohner von 64640 (1939) hat sich durch Eingemeindungen verdoppelt.

128 WALDENBURG. Die beiden LAUBENHÄUSER AM RING gehören zu den wenigen historischen, auch heute gepflegten Erinnerungen an die Blüte des Leinenhandels im 18. Jh. Rechts das Haus „Drei Rosen“ ist das ältere und beeindruckt durch die mächtigen viereckigen Säulen, daneben das Ankerhaus wurde 1799 als Leinenhandelshaus für die Firma Gotthelf Lebrecht Töpfer errichtet. Es trägt nach der polnischen Restaurierung wieder auf dem Dachfirst sein ursprüngliches Symbol, den großen eisernen Anker; die 1764 gegründete Firma Töpfer versandte Leinen auch nach Übersee.

129 WALDENBURG. Über das heute als Porzellan-Museum benutzte alte Schulgebäude ragt der Turm der evangel. Kirche. Sie geht auf einen Entwurf von Carl Gotthard Langhans zurück, erbaut 1785–1788; der Turm mußte 1863 erneuert werden. Die kleine polnisch-evangelische Gemeinde ist bemüht, das kulturhistorisch bedeutsame Bauwerk zu erhalten. Auf Dauer wird dies ohne staatliche und gegebenenfalls auch Hilfe aus der Bundesrepublik kaum gelingen. Bislang aber gehört das Gotteshaus zu den wenigen ehemals evangelischen, noch nicht zweckentfremdeten Bauten.

130 WALDENBURG, im Hintergrund der Hochwald. Die Stadt entwickelte sich von einem Leinenhandelsort zum Mittelpunkt eines bedeutenden niederschlesischen Kohlenreviers und Industriegebietes. Hinzu kam die Porzellanmanufaktur von Karl Krister, 1831–1836 durch Ankauf zweier Porzellanfabriken begründet, später zur „Krister Porzellanindustrie AG" ausgebaut. Krister schuf 1840 die erste Porzellanfabrik der Welt mit Steinkohlenfeuerung. Heute wird sie unter der Firma „Krzysztof" in einer Stadt industrieller Schwerpunkte weitergeführt. 1970: 125 000 Einw.

131 BAD SALZBRUNN Kr. Waldenburg. Die „Preußische Krone“, auf die der Blick fällt, ist heute Sanatorium. Mitte vorigen Jahrhunderts bewirtschaftete es der Vater der Brüder Carl und Gerhart Hauptmann; es war ihr Geburtshaus. Schlesiens größter Dichter empfing dort nachhaltige Jugendeindrücke. Im „Erlebnis meiner Jugend“ schreibt er: „Ich beherrschte den Dialekt der Straße, so wie ich das Hochdeutsche der Eltern beherrschte... Im Bereich des Hofes, der Straße, des Volkslebens, nach unten zu wächst nun einmal die Natürlichkeit, nach oben die Künstlichkeit.“

132 NIEDER SALZBRUNN. Die Türme der beiden christlichen Kirchen wetteifern im Ortsbild: Bereits 1524 predigte ein evangelischer Geistlicher in der alten Kirche, 1653 wurde sie in Auswirkung des Westfälischen Friedens den Katholiken zurückgegeben. Sofort nach dem Edikt Friedrichs des Großen von 1742 folgten ein evangelisches Bethaus und eine Schule. Anfang des 19. Jh. zerstörte ein Feuer die katholische Kirche, die evangelische wurde baufällig. Beide Konfessionen beeilten sich, ihre stolzen Gotteshäuser wiederherzustellen; links das katholische, rechts das evangelische.

133 LIEBERSDORF ist ein unscheinbarer Ort im Waldenburger Bergland nordwestlich Waldenburgs, sehenswert durch sein kleines Kirchlein aus dem Jahre 1535. 1285 als „Lybischdorf" erwähnt, zählte das ursprüngliche Waldhufendorf, nachdem man die Kirche gebaut hatte, vierzehn Bauern, immerhin seit 1599 mit eigener Schule. Die Industrialisierung in und um Waldenburg änderte an der ursprünglichen Siedlungsstruktur entlang der Dorfstraße wenig, auch bis heute nicht! Das kleine Gotteshaus genügt noch der durch Industriearbeiter verstärkten Siedlung.

134 LIEBERSDORF. Der SGRAFFITOSCHMUCK an der Südwand des Kirchenschiffes und der holzgeschnitzte zweitürige Klappaltar im Innern sind sehenswerte Kunstwerke. Der Kratzputz zeigt Christus und die Apostel sowie Szenen aus dem Alten Testament. Sgraffito (italienisch *sgrafari* = kratzen) war eine in der Renaissance beliebte Art der Wandmalerei. Dazu wird die Wandfläche mit gefärbtem Putz und dieser mit einer weiteren Putzschicht überzogen. Solange sie noch feucht ist, werden Linien und Flächen der Darstellung bis auf den darunterliegenden Putz herausgekratzt.

135 ALTREICHENAU nordwestlich von Waldenburg, gegründet um 1210. Der Kirchenraum ist für eine Dorfkirche im Barockstil bemerkenswert zurückhaltend und ohne jeden Überschwang festlich. Man spürt es: Hier war ein Meister am Werk! Es war der Stiftsbaumeister Martin Urban (1685–1689). Die Geldmittel kamen vom reichen Kloster Grüssau, dem das Dorf seit dem frühen Mittelalter bis zur Säkularisierung im Jahre 1810 angehörte. Die kleine Gemeinde (1939: 1691 Einwohner) besaß noch eine 1759 errichtete evangelische Kirche von Baumeister Leopold Niederäcker, einem Schüler des Carl Gotthard Langhans.

136 SCHLOSS FÜRSTENSTEIN war einstmals die großartigste, aus einer Burg hervorgegangene Schloßanlage in Schlesien. Nach dem Kriege hatte es durch Plünderungen schwer gelitten. Der größte Teil der wertvollen Einrichtung und Sammlungen ging verloren. Um so erfreulicher, daß der imponierende Bau des bei weitem größten schlesischen Schlosses einschließlich der gärtnerischen Anlagen auf den Terrassen im wesentlichen wiederhergestellt ist und – soweit die Renovierungen beendet sind – auch besichtigt werden kann. Kern der Anlage ist der Bergfried, um den sich die einzelnen Gebäudekomplexe aus dem 16. bis 18. Jh. im Oval gruppieren. Mit dem monumentalen Barockbau wurde die Vorburg mit den flankierenden Türmen errichtet, die das Bild zeigt. Fürstenstein war bis in die letzten Tage Schlesiens der Privatbesitz einer ungewöhnlich begüterten Familie, doch wurden im Kriege umfangreiche Veränderungen vorgenommen, in der Absicht, es zum „Führerhauptquartier" auszubauen.

137 FREIBURG
Kr. Schweidnitz erlebte nach 1945 durch verstärkte Industrialisierung eine Verdoppelung seiner Einwohnerzahl gegenüber 1939 (1970: 18 517), das ist dem Marktplatz kaum anzumerken. Nach einem Stadtbrand von 1774 wurden auf Anordnung Friedrichs des Großen das Rathaus neu erbaut, ebenso die Häuser am Ring. Der Neubau der katholischen Kirche folgte 1811. Freiburg war im Mittelalter eine befestigte Ackerbürgerstadt. Grundherr war der jeweilige Besitzer der Burg Fürstenstein, der den Rat ernannte. Bekannt war die Leinwandfabrik Karl F. Kramsta, gegr. 1809. 1850 kam die Uhrenfabrikation hinzu.

138 STRIEGAUER STEINBRUCH. „Ee Striezel und zwee Quärge, doas sein de Striegauer Bärge!“ Im 19. Jh. löste die Granitgewinnung die alten Haupterwerbszweige der Tuchmacherei ab. Striegauer Granit wurde weltbekannt als Werkstück in repräsentativen Bauten wie dem Deutschen Reichstag, bei Brückenbauten, Grab- und Pflastersteine. Friedrich Samuel Bartsch betrieb Ende des 18. Jh. den größten Steinbruch. Ein Nachkomme als Betriebsinhaber erfand den Stockhammer mit auswechselbarem Einsatz verschiedener Zahnungen. Er ließ ihn sich patentieren und in seiner eigenen Stockhammerfabrik fräsen, schmieden und härten. Auch heute noch wird er im In- und Ausland als „Bartschhammer“ unverändert hergestellt. Die Steinbrüche werden unter polnischer Regie intensiv ausgebeutet.

139 STRIEGAU Kr. Schweidnitz. Das alte Foto bewahrt die einst so charakteristischen MARKTLAUBEN, die bei den Kämpfen vom März 1945 mit 60 v. H. der Häuser im Stadtbereich zerstört wurden. Die Lauben boten – wie in zahlreichen Siedlerstädten am Gebirgsrand – den Verkaufsständen und Käufern Schutz vor Unbill der Witterung und waren Treffpunkt beim Einkauf. Nach der Gründung (1242) übernahm die Stadt die Aufgaben der alten slawischen Kastellanei „Ztrigoni“ auf dem breiten Berg und bekam ein Weichbild von 70 Dörfern zugeteilt. Bis 1932 Kreisstadt.

140 STRIEGAU. Das WESTPORTAL der katholischen Pfarrkirche ist ein Kleinod der Hochgotik. Zwei Reihenbilder stellen Szenen aus dem Leben des Paulus dar. Die Basilika auf einer leichten Anhöhe überragt die Stadt. Das Baumaterial lieferten ihre Granitsteinbrüche. Striegaus berühmtester Sohn, der Lyriker Johann Christian Günther, dichtete für seine Grabinschrift: „Hier starb ein Schlesier, weil Glück und Zeit nicht wollte, daß seine Dichterkunst zur Reife kommen sollte. Mein Pilger, lies geschwind und wandre deine Bahn, sonst steckt dich auch sein Staub mit Lieb‘ und Unglück an!“

141 STRIEGAU. In seiner Schlichtheit ist das Raumbild der Gotik von ST. PETER UND PAUL überwältigend. Die Tiefe des Mittelschiffs von 76 m ist für Schlesien ungewöhnlich. Die Wirkung beruht auf seiner geringen Breite von weniger als 10 m, auf den Netzgewölben im Chor und den Sterngewölben im Hauptschiff. Verschiedene Besonderheiten lassen darauf schließen, daß bei beiden Kirchen der gleiche Baumeister „Jacob von Schweidnitz" tätig war. Das Gotteshaus – einst wie jetzt der Stolz der Stadt – befand sich 1981 in Renovierung. Das Dach wurde neu gedeckt.

142 SCHWEIDNITZ. Die Vogelperspektive vom Turm der katholischen Stadtpfarrkirche auf die Innenstadt (1965) offenbart zwischen Lang- und Hohstraße noch die mittelalterliche, schachbrettförmige Anlage der Stadt um den Ring bis hin zum Grüngürtel der ehemaligen Befestigungsanlagen. Der Rathausturm, einst stolzes Wahrzeichen der im Mittelalter nach Breslau bedeutendsten Handelsstadt im Zentrum der mittelschlesischen Ackerbauebene, stürzte aus unbekannter Ursache am 5. 1. 1967 ein. 1981 baute man am Ring und in den angrenzenden Nebenstraßen baufällige Häuser wieder auf.

143 SCHWEIDNITZ.
Noch 1966 konnte man den Rathausturm schemenartig im Abenddunkel hinter dem Neptunsbrunnen bewundern; er hatte im Jahre 1584, etwas früher als der Kirchturm, seine diesem ähnliche, zweimal durchbrochene Spitze erhalten, überlebte jedoch nicht den großen Stadtbrand, dem 1716 das Rathausgebäude zum Opfer fiel. Zusammen mit dem Rathaus erstand er bald wieder in alter Schönheit, ein Zeichen für den Reichtum der Stadt. Nach ihrer Gründung um die Mitte des 13. Jh. war sie rasch aufgeblüht und um 1550 mit 5000 Einwohnern fast ebenso groß wie Breslau. Der Rat wird 1293 das erstemal erwähnt. Die Wahl nahm wie in Breslau der abtretende Rat selbst vor. Seit 1389 war auch der Handwerkerstand vertreten. Seit 1501 führte die Stadt einen Wappenschild mit vier Feldern: Greif, Eber, zwei Kronen, Stadtfarben weiß (Silber) und rot (Purpur).

144 SCHWEIDNITZ. Der Neptunsbrunnen, im Volksmund „Gabeljürge“, – 1732 auf Kosten der Stadt erneuert – und die 1693 von Landeshauptmann Graf von Zinzendorf gestiftete Dreifaltigkeitssäule bleiben ehrwürdige Denkmäler der einst reichen Handelsstadt. Das gilt auch für die Barockfassaden der Häuser am Ring. Um ihre Erhaltung bemüht sich die polnische Stadtverwaltung mit wechselndem Erfolg. Erfreulich ist im Jahre 1981 der ockerfarbene Anstrich auf dieser Ringseite, besonders an der schmuckreichen Fassade des ehemaligen Hotels „Zur goldenen Krone“.

145 SCHWEIDNITZ, STADTPFARRKIRCHE
St. Stanislaus und St. Wenzel. Gewaltig reißt der höchste Kirchturm Schlesiens den Blick nach oben (104 m). An der gotischen Basilika wurde anderthalb Jahrhunderte gebaut, bis sich eines der großartigsten Denkmäler der Gotik in Schlesien vollendete. Von den beiden Westtürmen zog man nur den südlichen hinauf (1525). Den dreimal durchbrochenen Helm erhielt er 1565 durch den Breslauer Zimmermeister Georg Stellauf, der auch den dortigen Rathausturm abschloß (Wiese, Biedermeierreise durch Schlesien, Darmstadt 1966). Der Bau des Nordturms wurde vor Einwölbung des Hauptschiffes aufgegeben und der Obergaden entsprechend mit zwei gewaltigen Strebebögen gegen Norden abgestützt. Im Zeitpunkt ihrer äußeren Vollendung war die Kirche evangelisch. Ein Zeichen des neu erwachten Interesses der Bürger waren die von ihnen errichteten Kapellen zwischen den Strebepfeilern. Der Turm ist ein weithin sichtbares Wahrzeichen der Stadt geblieben.

146 SCHWEIDNITZ. Der Haupteingang der katholischen Pfarrkirche besteht aus vier gleichen Portalen. Sie gliedern die in großen Quadern aufgeführte Turmfront und unterstreichen den Aufwärtsdrang der Gotik durch die reichen Fialen, welche die Heiligenbilder schützen. Das Ganze beeindruckt durch vollendete Harmonie. Mit der Gegenreformation gelangte das Gotteshaus an die Jesuiten. Ihnen gestattete 1680 Fürstbischof Friedrich von Hessen die Wiederherstellung in einer üppigen Barockisierung mit Hochaltar, Kanzel und riesigen Gemälden an den Wänden des Hauptschiffs.

147 SCHWEIDNITZ. Die FRIEDENSKIRCHE ist ein einzigartiger Fachwerkbau. Das Bild vom Sommer 1981 verrät nicht, daß ihr leider der Zerfall droht, wie die Kattowitzer Illustrierte „Panorama" berichtet (J. G. Görlich im Schles. Kulturspiegel 1981, Folge 2). Das Gotteshaus verdankt seine Entstehung einer religiös-politischen Zwangslage. Es war die größte der drei Kirchen, die im Westfälischen Frieden von 1648 den Evangelischen in den Fürstentümern Schweidnitz, Jauer und Glogau gestattet wurden. Gleichzeitig begann in Schlesien die Enteignung von etwa 750 evangelisch gewordenen Kirchen. Auf die Bittschrift der Schweidnitzer Bürger genehmigte Kaiser Ferdinand III. den Bau der Kirche unter drei Bedingungen: Der Bau mußte außerhalb der Mauer, nur aus Lehm und Holz und ohne Glockenturm ausgeführt werden. In fünf Jahren bauten die Schweidnitzer mit Eichenstämmen aus dem Stadtwald die größte europäische Holzkirche mit 3000 Sitz- und 4500 Stehplätzen.

148 SCHWEIDNITZ. Das EPITAPH an der Friedenskirche lenkt die Aufmerksamkeit auf die Bemühungen der Denkmalschützer. 1957 war es möglich, die wertvolle holzgeschnitzte Barockausstattung im Innern der Kirche zu restaurieren. Sie ist ursprünglich ein Werk einheimischer Meister und überstand den Siebenjährigen Krieg und auch den Zweiten Weltkrieg. Für die nunmehr fällige Überholung fehlen dem Bezirkskonservator in Waldenburg und der kleinen polnisch-evangelischen Gemeinde die Mittel. Einige der Epitaphe an der Außenmauer, ebenso eine Anzahl künstlerisch gestalteter Grabdenkmäler lassen die gotische Schrift noch erkennen; andere sind stark verwittert oder beraubt. Um so mehr verdient der Plan Anerkennung, um die Friedenskirche in einer gewissen Entfernung einen Zaun zu legen und den gesamten Friedhof für Unbefugte zu sperren.

149 SCHLOSS KREISAU Kr. Schweidnitz ist ein alter Rittersitz, von dem aus wie bei zahlreichen schlesischen Rittergütern in meist vorbildlicher Weise intensive Landwirtschaft betrieben, aber auch Geschichte gemacht wurde. Auf dem Ruhesitz von Hellmuth von Moltke, berühmter Generalstabschef des preußischen Heeres von 1858–1888, rief der letzte Besitzer, Graf James v. M., mit seinem Freund Graf Yorck von Wartenburg, 1942 den „Kreisauer Kreis“ ins Leben, eine Widerstandsbewegung gegen Hitler. Moltke wurde verhaftet, zum Tode verurteilt und hingerichtet.

150 ZOBTEN Kr. Breslau, am Fuße des gleichnamigen Berges, ist der älteste belegte, ursprünglich slawische Marktort Schlesiens. Er wurde dem 1130 auf dem Zobten begründeten Augustiner-Chorherrenstift wenig später bestätigt. Im 13. Jh. wurde der Ort unter starker Beteiligung der deutschen Zuwanderer deutschrechtlich umgesetzt. Dafür spricht u. a. der Grundriß mit dem etwa 400 m langen Marktplatz. Die kath. St. Annakirche geht mit dem Chor im Vordergrund auf eine Wallfahrtskirche aus dem 14. Jh. zurück, an die um 1500 das Langhaus angebaut wurde. 1981 Restaurierung.

151 ZOBTEN. Der sogenannte BÄR gehört zu einer Gruppe alter Steinfiguren, die man im vorigen Jahrhundert teils unweit des Zobtengipfels, teils um den Berg herum aufgefunden hat. Viele schlesische Gelehrte haben sich mit ihnen befaßt. Man vermutet, daß sie in frühchristlicher Zeit von Mönchen geschaffen wurden. Das Steingebilde auf dem Gipfel des Berges gehört zeitgemäß nach Form, Gestein (Granit) und Bearbeitung zur Figur „Jungfrau mit dem Fisch“ unter dem Gipfel. Teils werden sie der romanischen und slawischen Epoche, teils der Keltenzeit zugeordnet.

152 GORKAU Kr. Breslau, am Fuße des Zobten, war einst durch den alljährlich zu Himmelfahrt veranstalteten „Heiratsmarkt“, ein von den Bauern viel besuchtes Tanzvergnügen, bekannt. Die Propsteikirche zur Himmelfahrt Mariä gehört zu den ältesten Kirchenbauten Schlesiens. Das Hauptschiff aus dem 13. Jh. ist durch An- und Zubauten verändert worden. Hier oder auf dem Zobten war der erste Standort eines um 1130 mit Chorherren aus Arrovaise in Flandern besetzten Klosters. Mit der Säkularisierung von 1810 fielen die Gebäude an den Staat. Heute dient die Kirche als Magazin.

153 Das WEISTRITZTAL zwischen Waldenburg und Schweidnitz entwickelte sich seit Anlage der „Schlesiertalsperre“ bei Kynau (1912–1914) zu einem Touristenziel. Der Stausee beginnt hinter dem Knick des Flusses unterhalb des Bergkegels, der die Kynsburg trägt. Als Folge verheerender Überschwemmungen im Jahre 1897 baute der preußische Staat in gut drei Jahrzehnten weitere Talsperren: am Queis, bei Marklissa und bei Goldentraum, am Bober bei Mauer und bei Boberröhrsdorf und an der Glatzer Neiße bei Ottmachau zur Oderregulierung und Stromversorgung.

154 KYNSBURG, TORHAUS nach der umfassenden Restaurierung von 1905. Sie bot dem Verfall Einhalt, der seit Ende des 18. Jh. eingetreten war. Damals erneuerte man den kunstvollen Sgraffitoschmuck des Torhauses. Er gehört zu den Teilen, die Matthias von Logau Ende des 16. Jh. bei der Umgestaltung der mittelalterlichen Trutzburg zu einem Herrenhaus im Geschmack der italienischen Renaissance ausbaute. Vor dem Abbruch bewahrte die Burg der Breslauer Gelehrte Prof. J. G. Büsching. Er erwarb sie 1819 in der Zwangsversteigerung und begann mit ihrem Ausbau.

155 Die KYNSBURG mit dem Löwenportal des Torhauses ist seit kurzem vollständig renoviert und wird von der polnischen Gesellschaft für Tourismus und Landeskunde (PTTK) bewirtschaftet und unterhalten. Einst ein beliebtes Ausflugsziel der Schlesier, hat sie unter den Polen neue Freunde gefunden. Sie richteten im Hauptbau der Burg ein Museum der Ritterzeit ein, zum Teil mit Möbeln aus Danzig, da die deutschen Ausstellungsstücke und Möbel von hohem Wert nach 1945 zerstört wurden. Für uns Deutsche hat der vielgelesene schlesische Heimatschriftsteller Paul Keller 1902 in seinem Roman „Waldwinter" der idyllisch gelegenen Burg ein bleibendes Denkmal gesetzt. Der Wahlspruch des Geschlechts derer von Logau: „fortiter et fideliter" (tapfer und treu) hat wegen seiner unverfänglichen Sprache über dem Torbogen die Zeitläufte überstanden.

156 REICHENBACH. Zwischen dem Eulengebirgskamm und den Grünanlagen an der Stadtmauer breitet sich das Panorama der alten Tuchmacherstadt aus. Später wurde sie Sitz des dichtbesiedelten, industriereichen Eulengebirgskreises. Die Innenstadt überragen die katholische Pfarrkirche links, der Rathausturm in der Mitte, daneben die Großsiloanlage einer Mühle und ganz rechts der heute nicht mehr vollständige, künstlerisch bemerkenswerte Turm der evangelischen Pfarrkirche. Die 1268 beurkundete Stadt wurde Verwaltungsmittelpunkt eines Weichbildes von 30 Dörfern.

157 REICHENBACH. Der große Ring im Mittelpunkt der von vornherein 20 ha umfassenden gitterförmigen Anlage genügt noch als Zentrum der nach 1945 angewachsenen Stadt (1939: 17 253; 1970: 32 895 Einw.). Von Kriegszerstörungen verschont, hat sie die lange Vernachlässigung der ersten Jahrzehnte unter polnischer Verwaltung noch nicht überwunden. Sie hieß zunächst Rychbach, 1946 nach dem Bienenforscher umbenannt in *Dzierżoniów*. Das Rathaus – mit Ausnahme des Turmes – ist etwa 100 Jahre alt. An den Häusern des Ringes sind noch Renaissanceportale erhalten.

158 REICHENBACH, die evangelische Kirche, errichtet 1795–1798 nach den Plänen von Carl Gotthard Langhans von dem Freiburger Kirchenbaumeister Gärtner. Nachdem die Protestanten früher bei Schäden an der katholischen Pfarrkirche Hilfe geleistet hatten, halfen ihnen nunmehr die Katholiken beim Bau der eigenen Kirche. Der aus Landeshut gebürtige Langhans war von 1776 Oberbaurat an der Breslauer Kriegs- und Domänenkammer, danach Direktor des Oberhofbauamtes in Berlin, wo er als Erbauer des Brandenburger Tores und des Theaters am Gendarmenmarkt in die Kunstgeschichte einging. Der Innenraum ist das Muster des von ihm entworfenen Typs einer Predigtkirche. Er wurde nach einem Brande im Jahre 1973, dem auch die Turmspitze zum Opfer fiel, für die katholische Gemeinde wiederhergestellt.

159 REICHENBACH. Die STADTMAUER entstand vermutlich Ende des 13. Jh. mit vier Toren. Die Pfarrkirche St. Georg – 1258 bezeugt – wurde zwischen 1555 und 1612 vollständig um- und ausgebaut: Erhöhung des Mittelschiffs, zweites Südschiff, Erhöhung und Bekrönung des Turmes. Das geschah in der Blütezeit der Leinenherstellung durch Spezialisierung auf bestimmte Zweige, u. a. Barchent und Baumwoll-Leinen-Mischgewebe. An einem Tor in der inneren Stadtmauer sehen wir das Stadtwappen aus der Renaissancezeit mit dem hl. Georg, der den Drachen durchbohrt.

160 PETERSWALDAU Kr. Reichenbach am Fuße des Eulengebirges ist ein Waldhufendorf, das zusammen mit Steinkunzendorf eine Häuserzeile von etwa 10 km bildete. Nach dem Dreißigjährigen Krieg nahm die Hausweberei großen Aufschwung. Seit Anfang des 19. Jh. stand die Baumwollbearbeitung im Vordergrund. 1828 gab es hier 560 Spinner und 280 Weber unter 4125 Einwohnern; 1840 waren es 670 Baumwoll-, 58 Woll-, 8 Leinwand- und 45 andere Webstühle. Hier entzündete sich 1844 der Weberaufstand, den Gerhart Hauptmann 1892 auf die Bühne brachte.

161 LANGENBIELAU Kr. Reichenbach, mit dem Symbol der EULE auf dem Rathausplatz, war lange Zeit größtes Dorf Preußens. Anstelle der lang ausgeübten Hausweberei entwickelten sich seit 1805 die Christian-Dierig-Werke zum größten Textilunternehmen Schlesiens; 1945 unzerstört von den Polen übernommen. Auch heute sind sie die größten Textilwerke Schlesiens. 1900 öffnete hier die preußische Fachschule für Textilindustrie ihre Pforten. Seit 1934 Stadt, erlebte Langenbielau eine stürmische Aufwärtsentwicklung (1939: 20 116, 1970: 31 008 Einw.).

162 Die HOHE EULE ist mit 1014 m höchste Erhebung des Eulengebirges, das sich vom Tal der Schweidnitzer Weistritz bis zum Neißetal bei Wartha als 36 km langer Gneisrücken hinzieht. Er verbindet das Waldenburger Bergland mit den Gebirgen der Grafschaft Glatz. Die liebliche Gebirgslandschaft war für die Breslauer und Schweidnitzer ein beliebtes Erholungsgebiet. Die sanft zum Gebirgskamm ansteigenden Hänge zogen im Winter das Volk der Skifahrer an. 1905 erstand auf der Hohen Eule der 24 m hohe Bismarckturm. Er gewährt einen weiten Blick über die Sudeten.

163 WÜSTEGIERSDORF im Süden des Kreises Waldenburg. Es überrascht der gute Bauzustand der ehemals EVANGELISCHEN KIRCHE, Ende des 18. Jh. von Leopold Niederäcker errichtet. Der vierstufige Turm ist mit dem Säulenvorbau und dem Schiff der Saalkirche zu einer Einheit verwachsen und strahlt Harmonie und Schönheit aus. Er verrät den Einfluß von Carl Gotthard Langhans mit der stilbildenden Kraft eines preußisch beseelten Klassizismus. Das ehemalige Weberdorf wuchs 1929 durch die Vereinigung mit dem größten Teil von Tannhausen, Blumenau und Kaltwasser zu einer ansehnlichen ländlichen Industriegemeinde zusammen; 1954 zur stadtartigen Siedlung erhoben (1939: 6952; 1970: 6985 Einwohner). Die Industrialisierung begann früh: 1838 Errichtung der ersten mechanischen Baumwollweberei der Fa. A. Großmann (seit 1845 N. Reichenheim), 1854 Verlegung der Jaquard-Weberei der Fa. Meyer-Kauffmann von Wüstewaltersdorf nach Blumenau, 1862 Gründung einer Flachsgarnspinnerei (Websky-Hartmann und Wiesen) in Tannhausen.

164 NEURODE liegt in der Nordwestecke der Grafschaft Glatz. Die Bergbausiedlung ist eine deutsche Gründung auf Rodeland und zeigt im Wappen einen gerodeten Baumstumpf. 1337 erhielt sie Stadtrechte. In der Gründungsurkunde wird die Familie Wüstehube genannt. Da Neurode von den Hussiten und im Dreißigjährigen Krieg eingeäschert und in späteren Jahrhunderten mehrfach von Bränden heimgesucht wurde, finden wir heute keine Altstadt. Von 1465 bis 1821 war die Stadt im Besitz der Familie Stillfried. Links die katholische Pfarrkirche, rechts der Rathausturm.

165 NEURODE. Die ältesten Häuser stehen an der WALDITZ mit ihren der Gartenseite zugekehrten Lauben. Im vorigen Jahrhundert setzten Tuchfabriken die Handwerkstradition fort. Seit dem 18. Jh. entwickelte sich im Umfeld der Stadt der Bergbau – gefördert von den Grafen Magnis auf Eckersdorf – zu einem bedeutenden Wirtschaftszweig. Der Rückgang nach dem Ersten Weltkrieg erreichte 1931 einen Tiefpunkt. Heute wachsender Steinkohlenabbau. 1970 wurde in Schlegel das größte und modernste Kohlenbergwerk Niederschlesiens in Betrieb genommen.

166 ECKERSDORF Kr. Glatz. Das gut erhaltene Schloß – jetzt Landwirtschaftsschule – war Sitz der außergewöhnlich tüchtigen Grafen von Magnis. Anton Alexander machte seinen Besitz zu einem Musterbetrieb und wurde zum Bahnbrecher moderner Landwirtschaft. Früh führte er den Fruchtwechsel zur Hebung der Bodenerträge ein. Sein Sohn gründete eine Zuckerfabrik, rentabelster Großbetrieb Deutschlands. Durch Einfuhr der ersten Merino-Feinwollschafe und die von ihm erprobte Rassenmischung lieferte er der schlesischen Tuchindustrie hochwertige Wolle.

167 WÜNSCHELBURG Kr. Glatz. Aus der Ferne kaum verändert, ruht das Städtchen am Fuße der Heuscheuer. Mit ihrem heuschoberähnlichen Umriß und den merkwürdigsten Sandsteinformationen ist sie das Glanzstück der Glatzer Berge. Seit der Romantik zog die Stadt aus dem Fremdenverkehr Nutzen, wovon heute nichts mehr zu spüren ist; denn er bevorzugt die Autostraße von Bad Kudowa, um auf die Heuscheuer zu gelangen. Die kath. Pfarrkirche (links), 1570 von den damals protestantischen Bürgern erbaut, das Rathaus von 1600 sowie eine Mariensäule (Pest) sind erhalten.

168 Die GROSSE HEUSCHEUER ist in Schlesien die höchste Erhebung des Quadersandsteins und ragt mit ihren über 200 m hohen Felsmassen wie eine riesige Mauer aus der Hochebene heraus. Das auf dem Felsen sichtbare „Schweizerhaus“ ließ die preußische Regierung 1846 für den Touristenverkehr erbauen. Für Goethe war der Aufstieg am 28. 8. 1790 noch ein Abenteuer. Der Berliner Steinmetzmeister Carl Schilling ließ bei Wünschelburg Steinbrüche anlegen. Daraus entwickelte sich die Sandsteinindustrie. Die Steine wurden beim Berliner Reichtagsgebäude verwandt.

169 ALBENDORF Kr. Glatz ist der berühmteste Wallfahrtsort Schlesiens und stammt in seinen Anfängen aus der slawischen Zeit. In den von Böhmen gegründeten Ort sollen um 1260 die ersten deutschen Ansiedler gekommen sein (seither Albendorf). Ein ursprüngliches Holzkirchlein wurde 1512 durch eine Steinkirche ersetzt. Das Straßenbild zeigt im Hintergrund den 1715–1730 durch Graf Anton von Götzen errichteten Zentralbau der heutigen Pfarrkirche Maria Heimsuchung. Das fast morgenländisch anmutende Gotteshaus legte er in Nachahmung des Tempels König Salomos an.

170 ALBENDORF. Das WALLFAHRTSBILD im Umgang hinter dem Altar offenbart die tiefe Gläubigkeit der Pilger und ihr Vertrauen in die hier verehrte „Gottesmutter". Den Gedanken eines „Jerusalem in deutschen Landen" faßte Daniel Paschasius von Osterberg auf zwei Reisen ins Heilige Land. Er war seit 1675 Besitzer von Gut und Schloß Niederrathen, zu dessen Pfarrei Albendorf gehörte. 1683 erbaute er die Kapellen und Tore des Kalvarienberges und ließ 1710 ein großes Gotteshaus errichten, das bald wieder einzustürzen drohte. An seiner Stelle erstand durch seinen Nachfolger als Guts- und Pfarrherr der Barockbau. Alle Gebäude sind erhalten, Pfarrei und Wallfahrten werden jetzt von den Jesuiten betreut. Zwei Tafeln am Eingang berichten ausführlich in deutscher und polnischer Sprache über die Geschichte des Wallfahrtsortes. Durch eine Spendensammlung in der DDR und der Bundesrepublik Deutschland wurden im letzten Jahrzehnt die Mittel für umfangreiche Reparaturen aufgebracht.

171 ALBENDORF. Matthäus und Markus an der Kanzel mit ihren zugehörigen Attributen als Evangelisten sind, wie die gesamte schöne Kanzel, eine Holzschnitzarbeit des Bildhauers Carl Flacker aus Glatz. Rings um die Brüstung zeigen drei Medaillons die Weissagung Abrahams, die Opferung Isaaks und die Geburt des Gottessohnes. Die Kanzel ist Teil der großartigen Barockausstattung mit Hochaltar über dem Tabernakel und dem Gnadenbildschrein, Seitenaltären, der Orgel und den Deckengemälden. 1928–1936 Kirche innen und außen durch einheimische Künstler renoviert.

172 BAD KUDOWA Kr. Glatz am Westhang des Heuscheuergebirges wurde um 1870 durch den Badearzt Johannes Jacob als erstes deutsches Herzbad über Deutschland hinaus bekannt. Es verdankt seinen Ruf der Eugen-Quelle, einer von fünf kohlensäurehaltigen Quellen des Bades, dem stärksten Arsen-Säuerling Deutschlands. Aus dieser Zeit stammt das Schlößchen, heute Sanatorium „Zameczek", mit einem Turnsaal, in dem Kranke nach einem chirurgischen Eingriff zu Rehabilitationsübungen angeleitet werden (Kurorte und ihre Umgebung in Niederschlesien, Wrocław 1978).

173 STRAUSSENEI Kr. Glatz, 1939 umbenannt in Straußdörfel. Das heute in einem Privathaus aufgestellte Krippenspiel soll vom Vater des jetzigen Besitzers 1920 mit Hand-, später mit Elektroantrieb angefertigt worden sein (Kurorte und ihre Umgebung in Niederschlesien, Ossolineum, Wrocław 1978). Es reiht sich ein in eine 400jährige Krippentradition als Volkskunst beiderseits der Sudeten. Schlesische Krippenkünstler haben nach 1945 im Westen die heimische Krippenschnitzerei weiter entwickelt; zurückgebliebene Krippen werden in den polnischen Festbrauch einbezogen.

174 TSCHERBENEY, seit 1939 Grenzeck Kr. Glatz, gehörte früher zu den vier Dörfern, in denen die deutsch-tschechische Sprachgrenze als einzige Stelle in dem geschlossenen, von Deutschen besiedelten Randgebiet Böhmens die Staatsgrenze überschritt. Grenzeck zieht sich als typisches Straßendorf von Kudowa an den Westausläufern des Heuscheuergebirges nach Norden dicht an der Grenze entlang; bekannt durch seine von Pfarrer Tomaschek 1776 angelegte Schädelkapelle mit den Gebeinen von etwa 3000 Gefallenen des Siebenjährigen Krieges und von Bewohnern dieser Gegend.

175 Am MARKTPLATZ in LEWIN, seit 1939 Hummelstadt Kr. Glatz, steht wie einst ein kunstvoll gestalteter Rokokobau mit zierlich vergitterten Fenstern im Untergeschoß. An der Oberfront ein gut erhaltenes Freskogemälde „Die Flucht aus Ägypten". Rechts das einstöckige Rathaus im Biedermeierstil; links davon rundet der Glockenturm der katholischen Pfarrkirche das Bild der früher durch seine Löffelmacherei bekannten Kleinstadt ab, die 1939 um die 1000 Einwohner hatte. In Lewin gab es eine Strumpfwaren- und eine Süßwarenfabrik. 1945 Verlust der Stadtrechte.

176 GRUNWALD Kr. Glatz war auf dem Weg zur Hohen Mense mit 900 m ü. M. einst das höchste Kirchdorf Preußens. Im Jahre 1719 von der Forstverwaltung als Waldarbeiterkolonie angelegt, hatte der Ort lange Zeit seine Abgeschiedenheit bewahrt. Er war während des Winters unzugänglich, so heißt es um 1820, „die Bewohner mußten sich das ganze Jahr über von Haferbrot ernähren". In den zwanziger Jahren begann sich der Ort mit seinem Schneereichtum und langgestreckten Hängen zum Skiparadies zu entwickeln. Oberhalb des Ortes entstand die 1945 zerstörte Hindenburgbaude.

177 BAD REINERZ
Kr. Glatz. Die Kanzel in Form eines Walfisches ist eine kunsthistorische Rarität. Wir bewundern sie in der gut erhaltenen katholischen Pfarrkirche St. Peter und Paul, die 1708–1715 barockisiert und durch eine Nothelferkapelle erweitert wurde. Der Ort zwischen Heuscheuer- und Adlergebirge lag an der alten Heer- und Handelsstraße Breslau–Glatz–Prag. Der Wohlstand beruhte weniger auf der geringfügigen Eisenerzgewinnung, die im 17. Jh. einging, als auf einer namhaften Papier-, Textil- und Glasfabrikation. Im Bad veranstaltet man heute alljährlich ein Chopin-Festival in Erinnerung an den Künstler, der 1826 hier weilte und zwei Wohltätigkeitskonzerte für Waisenkinder gab. Die Stadt leitet ihren Namen von „Reinhart“, dem Vornamen des Gründers, ab.

178 BAD REINERZ. Die PAPIERMÜHLE ist seit 1562 beurkundet. Den langgestreckten Fachwerkbau errichtete 1605 Georg Kretschmer. Er hatte einen Quell entdeckt, der das Papier vor Schaben und Staubläusen schützte, so daß er „milbenfreies Büttenpapier“ für Staatsurkunden herstellen konnte. Das brachte ihm den Adel durch Kaiser Rudolf II. ein. 1739 wurde die Papiermühle durch Einbau eines Holländerwerks modernisiert; gleichzeitig erbaute man das Brückenhäuschen rechts. „Mit ihren mächtigen oberschlächtigen Wasserrädern, den alten Stampfgeschirren, Schöpfbütten, Schöpfformen für die Wasserzeichen und großen Trockenschuppen verkörperte sie eines der bedeutendsten technischen Kulturdenkmäler Schlesiens. Im Erbgang der Familien Heller und Ossendorf kam sie in der napoleonischen Zeit bis zur Vertreibung im Jahre 1945 in den Besitz der Familie Wiehr“ (Grundmann). Heute beherbergt sie ein Papiermuseum, für das noch die deutschen Eigentümer den Grundstein gelegt hatten.

179 RÜCKERS Kr. Glatz. Die vielen, St. Nepomuk gewidmeten Denkmäler und Bildstöcke bleiben ein Zeichen der engen Verbundenheit der Grafschaft zu ihrem Erzbistum Prag, denn der Heilige ist der Schutzpatron Böhmens. Meist private Stiftungen wie hier vor dem Bauernhaus in Fachwerk, deuten sie auf einen stark im Volk verwurzelten Glauben hin. Der Ort am Eingang des Höllentales entwikkelte sich seit der Mitte des vorigen Jahrhunderts zu einem Zentrum der Grafschafter Glasindustrie. Ihr Begründer war Moritz v. Hochberg, Besitzer der über dem Ort gelegenen Burg Waldstein. Die Glasschleiferei bildete den Grundstock für die Gründung einer eigenen Glashütte. Die „Kristallglashüttenwerke Rückers, Rohrbach und Karl Böhme KG“ gelangten im In- und Ausland zu Ansehen.

180 BAD ALTHEIDE
Kr. Glatz erlebte erst in diesem Jahrhundert einen starken Aufschwung, obwohl die Sauerbrunnen seit zwei Jahrhunderten bekannt waren. Die kohlensäurehaltigen Quellen wurden zu Trinkkuren und zu Bädern bei Herz- und Nervenerkrankungen verwandt, der Prinzensprudel ging als Tafelwasser in alle Welt. Er lieferte täglich etwa eine Million Liter des Heilwassers. Unter seinem letzten deutschen Kurdirektor Berlitt erlebte das Bad eine Blütezeit und wurde als Herzbad weltberühmt. Dieser Aufstieg setzte sich unter polnischer Verwaltung fort, nachdem der Ort 1945 zur Stadt erhoben war. Die Zahl der Sanatorien ist von Jahr zu Jahr angewachsen. Die Indikationen wurden auch auf Erkrankungen der Verdauungsorgane ausgedehnt. Die Zahl der Kurbehandlungen stieg in den letzten 30 Jahren um das Sechsfache.

181 BAD LANDECK Kr. Habelschwerdt. Die Dreifaltigkeitssäule vor den Barockhäusern am Ring ist ein Werk von Michael Klahr dem Älteren, einem berühmten Landecker Bildhauer. Die offene Kleinstadt abseits des Verkehrs bestand nach einer Urkunde von 1337 schon 1270. Sie lebte von Handwerk und Ackerbau, seit 1400 auch von den Badeeinrichtungen der warmen Quellen. Herzog Georg v. Münsterberg veranlaßte auf Grund einer Quellenuntersuchung durch den Wiener Arzt K. vom Berge den Bau eines Badehauses und erließ 1501 die erste Badeordnung. Starkes Radiumbad.

182 Das schlichte BAUERNHAUS (Vorkriegsbild) bei Bad Landeck am Osthang des Reichensteiner Gebirges vereinigt in sich alle Merkmale der im Glatzer Kessel vorherrschenden ländlichen Bebauung: „Das weit ausladende, schindelgedeckte Dach mit dem schweren Balkenkopfgesims, die Baugewohnheit, Schrotholz- und Giebelwand weiß zu tünchen und die Deckleisten des Giebels schwarz abzusetzen, dazu das Stück massive Wand an der Traufseite, das zur Feuerstelle des Hauses gehört, deren Rauchfang zu einem schön geformten, kräftigen Schornsteinkopf führt" (Loewe).

183 ALT GERSDORF
Kr. Habelschwerdt. Die idyllisch am Ortsrand gelegene Pfarrkirche St. Michael zeigt stärkere Verfallserscheinungen, obwohl sie Anfang der siebziger Jahre noch einmal geweißt wurde. Die Feuchtigkeit dringt in die Mauern und richtet weitere Schäden an. Die nächste Kirche steht bereits 4 km im Bieletal aufwärts in Neu Gersdorf, nahe der tschechischen Grenze, und wurde 1981 restauriert. Die Opferfreudigkeit der polnischen Bauerngemeinden ist erstaunlich, übersteigt aber offensichtlich bei der großen Zahl der Dorfkirchen bei weitem ihre Finanzkraft. Gersdorf gehört bieleabwärts zu Schreckendorff, wo eine große alte Pfarrkirche, die 1915 gründlich renoviert wurde, sich in zufriedenstellendem Zustand befindet.

184 GLATZ. Hier paart sich preußische Nüchternheit und Strenge in der von Friedrich dem Großen über dem Neißetal ausgebauten, seinerzeit stärksten preußischen Festung mit einem anderen Superlativ: dem Turm des Rathauses im Stil der Spätrenaissance mit seinem originellen Säulenumgang. Diesen ältesten, geschichtlich belegten Ort in Schlesien gründete der böhmische Fürst Slavnik, Vater des hl. Adalbert, vor 981 als Grenzfeste gegen Polen und nannte ihn „Cladsko". Das nur schwach von Tschechen bewohnte Gebiet besiedelten unter Ottokar II. deutsche Adlige und Bauern.

185 GLATZ. Entlang der erst 1880–1911 niedergelegten Stadtmauer drängen sich noch heute die Häuser. In jüngster Zeit begann eine Sanierung der Innenstadt. Nach Aufhebung der Festung (1877) entwickelte sich die Wirtschaft der Hauptstadt des Glatzer Landes mit ihrer alten Mittelpunktfunktion, gefördert durch den Eisenbahnbau: 1874 nach Breslau, ein Jahr später der Anschluß über Mittelwalde nach Prag und Wien, 1880 nach Waldenburg. In der heute stark angewachsenen Industriestadt ist von dem früher wohlhabenden Handels- und Fremdenverkehrszentrum nichts mehr spürbar.

186 GLATZ. Als eines der schönsten Städtebilder Ostdeutschlands pries man einst den Blick vom Brücktorberg auf MINORITENKLOSTER und Kirche mit ihren malerischen Barockkuppeln. Auf das 13. Jh. geht das Kloster auf einer Insel zwischen Neiße und Mühlgraben zurück. Die Minoriten verließen es 1542, als die Reformation die Oberhand gewann. Im Dreißigjährigen Krieg hatte die Bevölkerung schwer gelitten und war in der ganzen Grafschaft stark zusammengeschmolzen. Bei der einsetzenden Rekatholisierung entfalteten hier die Jesuiten eine rege Tätigkeit. Neben der Kirche bauten sie ihr Kollegium. Die Minoriten übernahmen wieder ihre Kirche, gestalteten sie völlig um und erweiterten sie im Barockstil, so wie sie sich heute darbietet.

187 GLATZ, GOTISCHE PIETÀ auf der Brücktorbergbrücke, 1390 fertiggestellt. In den Sockel sind zwei Wappen eingemeißelt, darunter die Inschrift: „I. C. Graf v. Götzen, Landeshauptmann zu Glatz und M. E. Gräfin v. Götzen, G. Gräfin v. Hodiz – 1655“. Mit ihren sechs Heiligenfiguren wird die Brücke oftmals als der kleine Bruder der Prager Karlsbrücke bezeichnet. Glatz gehörte seit der Christianisierung bis heute zum Erzbistum Prag. Zu der jahrhundertelangen politischen Zugehörigkeit zu Böhmen traten starke religiöse Bindungen, die sich im Erscheinungsbild der kirchlichen Kunst niederschlugen. Kulturelle Beziehungen bestanden sowohl nach Schlesien wie zum deutschen Sudetenland. In der Grafschaft setzte sich die Gegenreformation geschlossen durch; seitdem war die katholische Frömmigkeit besonders verwurzelt. Dafür sprechen noch heute weit und breit die Kirchen, Heiligenbilder, Bildstöcke und Mariensäulen.

188 GLATZ. Die katholische PFARRKIRCHE ZU MARIA HIMMELFAHRT hat sich ihr gotisches Aussehen bewahrt. Der im 14. Jh. begonnene Bau kam 1430 zum Abschluß, die Türme wurden 1490 vollendet. Als Bauherr wird die Prager Bauhütte genannt, deren Haupt der berühmte Baumeister Karls IV., Peter Parler, war. Ein Werk dieser Schule ist das Grab des Prager Erzbischofs Arnestus von Pardubitz. Er besuchte die Johanniterschule in Glatz, wo sein Vater Burghauptmann war. Die Zuwendungen des Kirchenfürsten erlaubten den gut erhaltenen Neubau.

189 GLATZ. Der HOCHALTAR ist ein überwältigender Blickfang. Er ist Teil der wertvollen Barockausstattung, mit der die Jesuiten die weiträumige gotische Basilika zu Maria Himmelfahrt schmücken ließen. Durch eine Vielzahl von Altären, Plastiken, Gemälden und Stukkaturen hoben sie das Gotteshaus über alle katholischen Andachtsstätten in der Grafschaft Glatz heraus. „Maria Glatz" war frühzeitig ein bedeutender Wallfahrtsort, ursprünglich mit dem wertvollsten Andenken an den Bischof Arnestus, einem Tafelbild der „Glatzer Madonna". Jetzt gilt die „Glatzer Gnadenmadonna", ein Schnitzwerk der Gotik aus Zedernholz im Zentrum des Hochaltars, als das bedeutendste Kunstwerk. Arnestus soll nach der Überlieferung hier eine wundersame „Mutter Gottes Erscheinung" gehabt haben.

190 GLATZ. Der TAUFSTEIN mit seinem reich ornamentierten Gitter gehört, wie der Hochaltar und die Kanzel von Michael Klahr, zu einer Vielzahl einmaliger Kunstwerke in der Stadtpfarrkirche. Die Inschrift in lateinischer Sprache besagt, daß er 1517 von Graf Ulrich von Hardeck gestiftet wurde. Das Gitter zeugt für den hohen Stand der Schmiedekunst einheimischer Meister im Zeitalter der Renaissance. Unter den Habsburgern, die 1526 das Erbe der böhmischen Könige in Schlesien übernahmen, wurden die Verbindungen nach Südosten noch enger. Ferdinand I., alsbald von seinem Bruder Kaiser Karl V. als König von Böhmen und Ungarn eingesetzt, kaufte 1534 die Grafschaft Glatz dem Grafen Johann von Hardeck ab und wurde ihr unmittelbarer Grundherr. Bald verpfändete er das Land wegen seiner hohen Kriegsausgaben. Wenig später gelangte es an Herzog Ernst von Bayern, der das Niederschloß anlegen und die Festung ausbauen ließ.

191 SCHLOSS GRAFENORT Kr. Habelschwerdt ließ Johann Friedrich Graf Herberstein zu einer großzügigen Anlage im Stil der Renaissance durch Karl Lurago ausbauen. Durch Heirat war der Besitz mit zehn Dörfern 1651 an das in der Steiermark ansässige Reichsgrafenhaus gelangt. In der Folgezeit brachte ihm harte Unterdrückung der abgabepflichtigen Bauern einen schlechten Ruf ein. Die Schlesier erinnern sich gern, daß Carl von Holtei hier seine ersten Gedichte in schlesischer Mundart schrieb. Heute ist das Schloß als geschütztes Baudenkmal zwar gesichert, verfällt aber.

192 RENGERSDORF, 8 km neißeaufwärts südlich Glatz, ist ein stattliches Bauerndorf. Die Pfarrkirche St. Jakobus wird schon 1326 erwähnt. Sie brannte vermutlich nieder und wurde 1428 wieder aufgebaut. 1729 erhielt sie mit den angebauten Kapellen ihre heutige Kreuzform. In einer davon steht der Barockaltar mit dem schwebenden Engel zur Linken eines Altarbildes, das auch zur Rechten von einem Pendant eingerahmt ist. Seine Grazie spricht für das Werk eines Künstlers. In keiner schlesischen Landschaft finden wir in den Dorfkirchen eine solche Fülle von Kunstwerken wie in der Grafschaft. Einer der bekanntesten Meister ist der Bildhauer Michael Klahr aus Bad Landeck, der hier den Hauptaltar und die Kanzel schuf.

193 HABELSCHWERDT. Jahrhunderte begegnen sich auf dem alten Bild der terrassenförmig über dem Neißetal wehrhaft aufgebauten Stadt: Über dem Eisenbahnviadukt von 1875 für den Anschluß nach Glatz–Mittelwalde–Prag–Wien erheben sich der mächtige Bau der alten, 1767 zum Wohnhaus umgebauten Stadtvogtei, darüber die Türme der Stadtpfarrkirche und des Rathauses, dahinter die Schornsteine der Zündholzfabriken. Es waren drei, die mit weiterer Holzindustrie noch heute einen Wirtschaftsfaktor bilden. Ganz rechts der Stadtbefestigung der Glatzer Torturm.

194 HABELSCHWERDT, von der Neiße her gesehen, scheint sich zwischen der katholischen Pfarrkirche links und dem Rathausturm rechts wenig verändert zu haben; doch in den Straßen hat sich vieles zum Nachteil gewandelt. Rechts der „Willmann Turm“ spielt in dem Roman „Drei Nächte“ von Hermann Stehr eine Rolle. Der Dichter wurde 1862 in der Stadt geboren, wuchs dort auf und fand auf dem Floriansberg seine heute nicht mehr auffindbare Grabstätte. Während Faber den Erzählungen des Turmwächters Willmann von Gott und der Welt lauscht, findet er zu sich selbst.

195 HABELSCHWERDT. Am RING stehen unverändert die dreigeschossigen Häuser, einige im Stil der Renaissance und des Barock. Im Hintergrund der Glockenturm der alten Pfarrkirche St. Michael; er bildete ursprünglich einen Teil der Stadtbefestigung. Im Zuge einer späteren Erneuerung erhielt er seine dreifach durchbrochene Haube. Ebenso erhalten sind am Ring das Rathaus von 1540 im Renaissancestil, die barocke Dreifaltigkeitssäule von 1737 und auf dem Neumarkt die Staupsäule von 1556. In der ehemals evangelischen Kirche mit dem zum Glockenturm umgebauten Glatzer Torturm ist jetzt das Zündholzmuseum untergebracht, wodurch ihre Erhaltung sichergestellt wurde. Die kleine Hospitalkirche vor der Neißebrücke nach Mittelwalde renovierten die oberschlesischen Schwestern, die das Hospital betreuen, in mustergültiger Weise.

196 HABELSCHWERDT. Die katholische Pfarrkirche ST. MICHAEL ist der älteste Kirchenbau der Grafschaft, denn ihr Chor und das Presbyterium aus dem 13. Jh. wurden in die späteren Umbauten einbezogen. Die zweigeteilte Halle mit den Pfeilern in der Mitte ist eine Seltenheit. Eigenartig sind die Spitzbogenarkarkaden, die – im Bilde links – die Halle zum Nebenchor öffnen, der, dem Hauptchor parallel, aus dem 14. Jh. stammt. 1548 hatten die Bürger sich dem Luthertum zugewandt. Nach dem Sieg der Habsburger im Dreißigjährigen Krieg holte man sie in den Schoß der Kirche zurück.

197 MITTELWALDE Kr. Habelschwerdt. Der langgestreckte RING mit seinen Barockhäusern und der Mariensäule von 1698 blieb im letzten Krieg unzerstört wie das jetzt baufällige Schloß. Die Stadt an der Handelsstraße nach Mähren wird als deutschrechtliche Gründung in Anlehnung an eine slawische Grenzburg 1294 erstmals genannt. Nach Zerstörungen im Hussitenkrieg hatte sie im Dreißjährigen Krieg wiederum schwer zu leiden. Von 1750 an ging die wirtschaftliche Entwicklung mit der Leinwandindustrie aufwärts. Grenzstation der Eisenbahnlinie Breslau–Prag–Wien.

198 Landschaft bei BRAND Kr. Habelschwerdt. Von den Höhen des Habelschwerdter Kammes gleiten unsere Augen ins Tal hinunter, wo die Alt-Weistritz ihre Wasser der Neiße zuführt. Schwach ahnen wir im Nebel die jenseitigen Kämme des Schneeberg-Massivs und des Bielengebirges. Der Schlesier wandert gern. Vom Schneeberg stammt das Lied: „Und in dem Schneegebirge, da fließt ein Brünnlein kalt. Und wer das Brünnlein trinket, wird jung und nimmer alt!" „Ich hab daraus getrunken, so manchen kühlen Trunk. Ich bin nicht alt geworden, ich bin noch allzeit jung!"

199 WÖLFELSDORF
Kr. Habelschwerdt. Das Marienbild mit den beiden Heiligen zur Seite ist eines von zahllosen frommen Standbildern, die wir heute noch in fast jedem Dorf in der Grafschaft antreffen. Es steht hinter der Brücke über die Wölfel am Wege zur weiträumigen, 1516 erbauten Pfarrkirche, deren Hochaltar mit Figuren von Michael Klahr dem Älteren geschmückt ist. Zu ihrer Pfarrei gehört das Bergkirchlein Maria Schnee. Das langgestreckte, einst reiche Bauerndorf wird erstmals 1341 als „Wolfilsdorf" genannt, die erste Pfarrei 1381 erwähnt. Das Schloß derer von Althann ist nach 1945 ausgebrannt.

200 Blick auf MARIA SCHNEE Kr. Habelschwerdt. Die Strahlen der Morgensonne treffen links auf den „Spitzigen Berg“. Auf seinem nach Süden (links) sanft abfallenden Hang liegt unter dem Gipfel das Bergkirchlein. Sein Name „Maria Schnee“ hat mit dem dahinterliegenden Schneegebirge nichts zu tun. Er wurde übernommen von einer im Altertum auf dem Berg Esquilia in Rom geweihten Kapelle, wo in der größten Sommerhitze einmal Schnee gefallen sein soll. Dagegen führt der Glatzer Schneeberg seinen Namen zu Recht, denn er trägt von Oktober bis Mai eine weiße Kappe.

201 Die Bergkapelle MARIA SCHNEE ist ein vielbesuchter Wallfahrtsort oberhalb von Wölfelsgrund. Die Wallfahrten gelten einem Gnadenbild im Zentrum des Hauptaltars, geschnitzt von Künstlern aus München. Die „Geschichte der Muttergotteskirche Maria Schnee auf dem Spitzberge 847 m ü. M." ist auch heute noch in deutscher Sprache auf einer Tafel vor der Kapelle zu lesen! Danach brachte im Jahre 1750 der Junggeselle Christoph Veit aus Wölfelsdorf eine kleine Figur der Muttergottes aus Österreich nach hier. Es war eine Nachbildung des wunderwirkenden Gnadenbildes der Gottesmutter von Mariazell. Die zuerst errichtete Kapelle wurde 1781 durch den heutigen Steinbau ersetzt. Er wird jetzt von der „Genossenschaft Christi für die Auslandspolen" verwaltet. Sie restaurierte 1958 die Kirche und verlieh der Stätte durch neue Beschriftungen einen polnischen Anstrich.

202 Von Maria Schnee auf dem Spitzigen Berg ist der Blick frei zum GLATZER SCHNEEBERG, dem höchsten Gipfel des Glatzer Berglandes, der auf dem Bild noch sein Wahrzeichen, den inzwischen eingestürzten Kaiser-Wilhelm-Turm, trägt. Vor uns im Tal liegt, geschützt vor rauhen Winden, der beliebte Luftkurort Wölfelsgrund. Früher, als sich der Skilauf noch nicht an Liften konzentrierte, sondern das Wanderlaufen mit Bergtouren den Sport bestimmte, war Wölfelsgrund als Ausgangspunkt für das Gelände um den Schneeberg geschätzt. Ostern gab es reichlich Schnee und Sonne.

203 Der KAISER-WILHELM-TURM – 1425 m hoch gelegen – zeigt 1962 schon Zeichen des Verfalls, die 1973 zu einer Sprengung führten. Der 30 m hohe Turm, 1899 im Auftrage des Glatzer Gebirgsvereins nach Entwurf des Breslauer Architekten Henry vom Glatzer Baumeister Emil Gießer errichtet, war das begehrte Ziel der Wanderer. Von seiner Plattform bot sich ein weiter Ausblick auf den Glatzer Kessel: Die Höhenzüge ringsum, das breite Neißetal mit langgestreckten Dörfern, bei klarem Wetter in der Ferne das Waldenburger Bergland, das Riesengebirge, die Hohe Eule auf der einen, der Altvater mit seinem Turm auf der anderen Seite und nach Norden die weite schlesische Ebene. Sechzehn markierte Wanderwege, darunter drei Fahrstraßen, führten einst aus den Tälern von allen Seiten auf den Gipfel und zur Schweizerei auf der deutschen, zum Liechtenstein-Schutzhaus auf der sudetendeutschen Seite.

204 Der Blick vom GLATZER SCHNEEBERG ist auch nahe dem Schutthaufen des ehemaligen Aussichtturmes noch reizvoll. Vor uns das langgestreckte Tal der Wölfel, in dem man vom Luftkurort Wölfelsgrund in gut drei Stunden den Gipfel erreicht. Jenseits des Neißetales das Habelschwerdter Gebirge, im Vordergrund rechts der Schwarze Berg. Die Schweizerei unter dem Gipfel ist eine Gründung von Prinzessin Marianne der Niederlande auf Schloß Kamenz, die hier eine Sennerei anlegen ließ; am 8. 9. 1871 wurde ein Berghotel im Baudenstil eröffnet; heute Jugendherberge.

205 Feldkreuz bei ALT WALTERSDORF nördlich Habelschwerdt. Die vielen Kapellen, Feldkreuze und Heiligen-Bildstöcke, denen man allenthalben am Wege begegnet, sprechen für die eingewurzelte Frömmigkeit und Religiosität der Grafschafter Bauern. Es gab unter ihnen – wie Stehr oder Josef Wittig sie schildern – zahlreiche ausgesprochene Sinnierer und Gottsucher. Seit vielen Generationen hatte sich ein religiös bestimmtes Brauchtum herausgebildet. Nach der Saat steckte der Bauer in eine Feldecke drei kleine Holzkreuze in die Erde und sprach ein Gebet.

206 BOBISCHAU im äußersten Südzipfel der Grafschaft, unweit des Grenzübergangs. Die Bodenbearbeitung erfordert viel Fleiß, der Bauer muß hart arbeiten, wenn er trotz ungünstigen Klimas gute Ernten erzielen will. Die deutschen Bauern waren durch die harten Lebensbedingungen kernig, knorrig und verschlossen. Die eingewanderte Bevölkerung hat die Bewährungsprobe, so will es scheinen, noch nicht bestanden, denn die Lebensverhältnisse halten keinem Vergleich früher stand, als Roggen, Hafer, Gerste, Futterrüben, Kartoffeln und Rotklee angebaut wurden.

207 WARTHA Kr. Frankenstein liegt idyllisch zwischen bewaldeten Höhen am Übergang über die Neiße. Sie bricht aus dem Glatzer Kessel zwischen Eulen- und Reichensteiner Gebirge nach Osten in die Schlesische Ebene durch. Hier verlief schon in slawischer Zeit eine alte Paßstraße von Prag–Glatz weiter nach Breslau und Gnesen, geschützt von einer Burganlage, die im 12. Jh. zwischen Böhmen und Polen umstritten war. Beherrscht wird die kleine Stadt von der Wallfahrtskirche und darüber von dem Gebäude des Noviziats der Breslauer Marienschwestern (jetzt Kinderheim).

208 WARTHA. Jenseits der steinernen Neißebrücke aus dem 15. Jh. erhebt sich die zweitürmige Front der vielgerühmten Kirche St. Maria, 1686–1704 unter Abt Augustin Neudecker erbaut. Architekt war der in Neisse tätige, aus Ungarn stammende fürstbischöfliche Hofbaumeister Michael Klein. Der Barockbau der gut erhaltenen Saalkirche zog 1840 bereits 70000–80000 Wallfahrer jährlich aus Böhmen und Schlesien an, vor dem Kriege bei 170000. Seit 1900 von den Redemptoristen betreut. Nach dem Ersten Weltkrieg Wallfahrt der kath. Jugend aus Mittelschlesien von Bedeutung.

209 WARTHA. Die Verehrung der Wallfahrer gilt der bereits seit etwa 1200 hier vorhandenen MADONNA. Sie ist aus Rotbuchenholz geschnitzt, thront auf einem hochlehnigen Stuhl und hält auf dem linken Knie das Kind, das die Rechte segnend erhebt. „Sie ist die bei weitem früheste schlesische Holzfigur, im Aufbau ausgesprochen hochromanisch, von strenger, feierlicher Tektonik, wie die Vierung einer romanischen Basilika... Die Strenge der Erscheinunng wurde gemildert durch die schon die Frühgotik anzeigende weichere Eiform des Gesichtes mit seinem entspannten Lächeln... Die wohl hölzerne Kirche in 'Barda' wird nach einer Urkunde 1189 samt dem Zehnten von Bischof Siroslaw von Breslau den Johannitern geschenkt. Vielleicht war das Gnadenbild schon in der Kirche, als Wartha 1301 größtenteils an die Zisterzienser-Abtei Kamenz fiel, die schon 1230 von Herzog Heinrich dem Bärtigen Patronatsrechte in Wartha verliehen bekam“ (Ernst Wiese, Die Kunst in Schlesien, Berlin 1937).

210 REICHENSTEIN Kr. Frankenstein ist eine alte Bergstadt am Nordhang des Reichensteiner Gebirges, das die Grafschaft Glatz nach Norden abschließt. 1273 gestattete Herzog Heinrich IV. von Breslau dem Kloster Kamenz den Bergbau – bezogen auf Gold- und Silbervorkommen im Reichensteiner Gebirge. 1491 erhielt Reichenstein die Privilegien einer „Freien Bergstadt". Die 1699 von dem Apotheker v. Scharfenberg begonnene Arsenikgewinnung betrieben die Polen bis 1961. Aus der Blütezeit erhalten sind der rechteckige Markt, die Stadtpfarrkirche St. Salvator und Wohnhäuser.

211 MÜNSTERBERG. Auf der alten Aufnahme vom Ring ragt das „Münster auf dem Berge“ hoch über die Bürgerhäuser. Verständlich, daß das Münster St. Georg mit dem 1265–1275 errichteten Hauptbau, der im 15. Jh. erweitert wurde, schon im frühen Mittelalter der Stolz der Stadt war, ihr den Namen gab und seit 1282 den Kern des Stadtwappens bildete. Der Name „Munsterberck“ ist 1253 für die deutschrechtliche Gründung beurkundet. Längere Zeit war sie Sitz eines Zweiges der Piastenherzöge. Später wurde die Stadt Mittelpunkt einer Agrarwirtschaft, mit Zuckerrüben-, Gemüse- und Hopfenanbau.

212 MÜNSTERBERG. Gegenüber der Aufnahme vom Anfang des Jahrhunderts hat sich auf dem heutigen Bild im architektonischen Bereich wenig verändert, da die Stadt den letzten Krieg unversehrt überstand. Dem Renaissancestil des alten Rathausturmes wurde der Erneuerungsbau des Rathauses von 1889–1891 angepaßt. Der Rathauskeller dient wieder seinem früheren Zweck als Gastwirtschaft. Im Rathaus sind die Glasbildfenster und die kunstvolle Ausmalung erhalten. 1927 hatte der schlesische Maler Alfred Gottwald in damals sehr farbigen, heute verblaßten Bildern die Geschichte der Stadt und Bürgertypen einzelner Stände aus der Vergangenheit dargestellt.

213 MÜNSTERBERG. Mariä Himmelfahrt, Schnitzrelief aus einem Altarschrein in der katholischen Stadtpfarrkirche St. Maria und St. Georg; Anfang des 16. Jh. Frömmigkeit und innige Hingabe sprechen aus den Gesichtern Marias und der Apostel. Ihre starke Gemütsbewegung unterstreicht der Künstler durch den reichen Faltenwurf der Gewänder, eine barock anmutende Ausdrucksform der Spätgotik. Die zweischiffige Basilika mit dem isoliert stehenden Turm geht bis auf das 13. Jh. zurück. Sie wurde mehrfach erweitert und umgestaltet, 1898 umfassend restauriert. 1981 bemühen sich die Polen erneut um die Restaurierung der Giebelfront und des Innern der Kirche.

214 HEINRICHAU
Kr. Frankenstein. Der Kirche in der einheitlichen Baugruppe sieht man nicht an, daß sich hinter der Barockfassade der älteste gotische Zisterzienserbau Schlesiens verbirgt. Im Jahre 1222 erteilte Herzog Heinrich I. von Schlesien dem Breslauer Domherren Nikolaus die Erlaubnis, auf dessen Besitz im oberen Ohletal ein Zisterzienserkloster zu gründen. 1228 wurde die Kirche eingeweiht. Das Heinrichauer Gründungsbuch berichtet über die kolonisatorischen Veränderungen im Umkreis des Klosters. Unter den Äbten Melchior und Heinrich Kahlert erlebte das Stift in der zweiten Hälfte des 17. Jh. einen großartigen Aufschwung. Das nördliche Klostergebäude mit den zwei südlichen zierlichen Ecktürmen wurde neu errichtet. Die Kirchenfront erhielt den barocken Westgiebel und den überkuppelten Vorbau vor das Langhaus aus dem 14. Jh., dazu trat die hohe Dreifaltigkeitssäule.

215 HEINRICHAU. Das barocke CHORGESTÜHL ist ein Anziehungspunkt ersten Ranges der ehemaligen Zisterzienser-Klosterkirche und gilt als das schönste und künstlerisch wertvollste in Schlesien. Den Grundstock für das doppelreihige Gestühl für 52 Personen bildet eine gewaltige Zimmermannsarbeit aus Eichenbohlen aus dem 16. Jh. (Jahreszahl 1567). Vor 36 Reliefs mit Darstellungen aus dem Leben Jesu auf der Rückwand stehen auf der Brüstung zwischen oberer und unterer Sitzreihe acht Freifiguren von Päpsten, Kardinälen, Bischöfen und Äbten; zwei davon sind hier sichtbar.

216 HEINRICHAU, KLOSTERKIRCHE. St. Petrus schreitet majestätisch und kraftvoll, in den Händen seine Symbole, Himmelsschlüssel und Bibel, zwischen den Säulen am Hauptaltar. Sein gewaltiges Schnitzwerk mit je drei Figuren zu Seiten des großen Altargemäldes ragt in den 60 m langen Kirchenraum und zieht den Eintretenden in seinen Bann. Das hohe gotische Gewölbe wird ganz ausgefüllt von dem Pathos des Barock im Chorgestühl, bei den Altären, an Kanzel und Orgel und an den riesigen Holzrahmen der Gemälde von Michael Willmann an den Seitenwänden. Alles ist auf eine künstlerische Gesamtwirkung abgestimmt, festlich und voll religiösen Überschwangs zur Verherrlichung aller, die dem Schöpfer in seiner Kirche auf Erden dienten.

217 NIMPTSCH Kr. Reichenbach. Die spätbarocken Wohnhäuser am Ring werden nach Kräften gepflegt. Die Stadt blieb 1945 unzerstört, von ihren drei historischen Bauwerken sind das 1830 wiederaufgebaute Schloß und die kath. Hedwigskirche inzwischen verfallen und abgetragen. Der Ruhm dieser Kleinstadt (1939: 3523; 1970: 3772 Einw.) – bis 1932 Kreisstadt – liegt in frühgeschichtlicher Zeit. Beim Abzug der Vandalen verblieben silingische Sippen in der hiesigen Gegend und wählten im 4. Jh. den Platz eines vorgeschichtlichen Burgberges als befestigtes Zentrum.

218 STREHLEN. Am Ring der 1945 zu 50 v. H. zerstörten Stadt steht vom Rathaus nur noch das Untergeschoß des Turmes als pietätvoll erhaltenes Relikt, umgeben von Neubaublocks. An der schon in der Bronzezeit besiedelten Stelle bestand ein slawisches Dorf, als die Stadt zu deutschem Recht planmäßig angelegt wurde. Zum Schutze des Verkehrs von Breslau nach Glatz war sie mit Mauer und Graben gesichert. Von der Stadtpfarrkirche St. Michael stehen noch Ruinen, die Hl.-Kreuz-Kirche wird, nach Beseitigung der Kriegsschäden, benutzt, Reste der Stadtmauer sind erhalten.

219 FRANKENSTEIN. Der RING erfüllt heute als Stadtzentrum noch die gleiche Aufgabe wie vor 700 Jahren, ein Zeichen für die Weitsicht und den unternehmerischen Geist der Bürger, die ihn als Kaufleute und Handwerker bei der Stadtgründung anlegten. Das älteste Stadtsiegel zeigt in einer Urkunde von 1292 eine Zinnenmauer mit einem Tor und drei spitz bedachte Türme; ein Siegel von 1336 zwischen zwei Türmen einen halben Adler auf einem niedrigeren Turm, eines von 1339 den schlesischen Adler. Dazu tritt nach 1351 der gekrönte zweigeschwänzte böhmische Löwe.

220 FRANKENSTEIN. Das heutige RATHAUS ist das dritte, ein Neubau von 1862–1864, das älteste ist 1345 urkundlich erwähnt. Die Stadt übernahm mit der Gründung als Weichbildzentrum die Funktion des älteren slawischen Kastellaneisitzes Wartha. 1298 verlieh ihr Bolko I. von Schweidnitz das Niederlagsrecht für Salz und Blei; 1351 erlangte die Stadt die Obergerichtsbarkeit, welche die Erbvögte ausübten. In der Folge teilte sie, dem Herzogtum Münsterberg zugehörig, meist das Schicksal der Nachbarstadt. Von den Hussiten am 20. 3. 1428 erobert, wurde sie ein Raub der Flammen. Nur die Burg konnte sich halten. Frankenstein hatte ein wechselvolles Schicksal als von Kriegen heimgesuchter Herrschaftssitz an der Königsstraße, die von Böhmen, über Glatz-Wartha kommend, über Nimptsch nach Breslau führte.

221 FRANKENSTEIN. Abseits der industriellen Ballungsräume hat sich im Umfeld der alten Kleinstädte erstaunlich wenig verändert. Wie in früheren Jahrhunderten und auf den Lithographien der Biedermeierzeit ragen der Rathausturm im Zentrum, die Kirchtürme und die Reste der Stadtbefestigung im Vordergrund mit der Schloßruine links weit ins Land und kehren die Mittelpunktfunktion der einstigen Herzogs- und späteren Kreisstadt hervor. Das 1517–1532 errichtete Schloß war ein halbes Jahrhundert später nur noch Wohnsitz des Landeshauptmanns; 1646 gesprengt.

222 KAMENZ
Kr. Frankenstein,
KLOSTERKIRCHE. In das zuvor von Augustinern gegründete Kloster zogen 1248 Zisterzienser aus Leubus ein. Sie entfalteten eine rege Wirtschafts- und Siedlungstätigkeit, erweiterten den Besitz und bauten Anfang des 14. Jh. Kloster und Kirche neu. Der Aufschwung in der Gegenreformation schlug sich in barocken Um- und Neubauten nieder. Matthias Kirchberger und Simon Wiedemann schufen den Neubau in frühbarokken Formen unter teilweiser Verwendung des alten Mauerwerks. Die gotische Abteikirche wurde um 1700 barockisiert. Von der reichen Innenausstattung sind die 14 Nothelferfiguren von Thomas Weißfeldt berühmt.

223 KAMENZ. Das neugotische SCHLOSS ließen sich Prinzessin Marianne der Niederlande und ihr Gemahl Prinz Albrecht von Preußen nach den Plänen Karl Friedrichs von Schinkel errichten. Der mächtige viereckige Backsteinbau mit runden Ecktürmen, einer Säulenvorhalle, kolonnadengesäumten Terrassen, Laubengängen und Wasserkünsten war eine repräsentative, das Landschaftsbild weithin beherrschende Anlage. 1946 von den Russen ausgeplündert und in Brand gesteckt, läßt die geschickt aufgenommene Ruine einiges hiervon ahnen, obwohl dem Verfall preisgegeben.

224 PATSCHKAU
Kr. Neisse. Der Renaissanceturm des RATHAUSES von 1552 hat, wie in vielen schlesischen Städten, spätere Umbauten überstanden. Das Bild vom Anfang des Jahrhunderts weckt vielfache Erinnerungen an die Geschichte der Stadt: Gründung 1254 von den Vögten Heinrich und Wilhelm auf einem Teil der Gemarkung des Dorfes Patschkau, ab 1261 Alt Patschkau genannt, und auf dem Boden des Dorfes „Bogunov“ angelegt. Bischof Thomas von Breslau bemühte sich um Ansiedlung deutscher Siedler im Bischofsland und verlieh der Stadt die gleichen Rechte wie Neisse. Im 14. Jh. entwickelte sich die Stadt zum Zentrum des westlichen Bischofslandes in einem Kranz deutscher Dörfer. Die ovale Stadtanlage wurde mit Mauer und Graben befestigt. Handwerk und der nach Süden gerichtete Handel blühten auf; er kam erst mit der neuen Grenzziehung in Preußen zum Erliegen.

225 PATSCHKAU, der NIEDERTORTURM. Im Gegensatz zu den meisten schlesischen Städten blieb die Stadtmauer in fast ihrer gesamten Länge mit drei Tortürmen und dreizehn nach innen offenen Mauertürmen erhalten, von denen einer das Nachkriegsbild mit der Renaissancebekrönung zeigt. Der Außenmauer entsprach eine zweite nach innen. Der Stadtgraben vervollständigte den Schutzgürtel, der als Grünanlagenring weiterbesteht. Den Anschluß an die Neuzeit stellte 1874 die Bahnlinie Königszelt–Kamenz–Neisse her; dennoch wuchs die Stadt bis 1939 nur auf 7522, nach der Vertreibung bis 1970 auf 8100 Einwohner.

226 PATSCHKAU. Die eigenartige, fast würfelförmige kath. PFARRKIRCHE St. Maria und St. Johannes paßt sich mit ihren Zinnen dem Charakter der wehrhaften Stadt an. Das Gotteshaus wurde im 14. Jh. in Angriff genommen und als dreischiffige Hallenkirche 1470 vollendet. Die Zinnen wurden erst im 17. Jh. aufgesetzt. Hans Tintelnot („Die mittelalterliche Baukunst Schlesiens, Kitzingen 1951“) bezeichnet die Kirche wegen ihrer hohen kubischen Erscheinung als den vielleicht „böhmischsten Hallenbau“ in Schlesien überhaupt. Über den massigen Rathausturm hinweg blicken wir in die Hügellandschaft.

227 Der holzgeschnitzte ALTAR MARIA KRÖNUNG in der Dorfkirche zu Alt Patschkau (Kr. Neisse) ist ein Beispiel für eine Vielzahl beachtenswerter, für den westlichen Besucher oft unentdeckter Kunstwerke im weiten Schlesierland. Die gotische Kirche wird benutzt und gepflegt. Jüngst wurde, wie der Pfarrer dem Besucher erläutert, das Dach neu gedeckt. Der Hauptaltar zeigt im Mittelfeld ein im Mittelalter häufig wiederkehrendes Motiv: Gottvater zur Linken und Christus zur Rechten setzen Maria die Krone aufs Haupt. Rings in Dreiergruppen die Heiligen, unten Mitte rechts die hl. Hedwig.

228 OTTMACHAU. Die doppeltürmige Pfarrkirche ließ der Breslauer Fürstbischof Franz Ludwig errichten. Johann Peter Tobler schuf 1690–1693 den Bau in gebändigtem Barock (vollständig restauriert). Auf dem Burgberg stand in der Slawenzeit eine Kastellanei. Zum Fürstentum Neisse gehörig, wurde die Stadt von den Breslauer Fürstbischöfen gefördert. 1347 erhielt sie deutsches Recht. Schloß, Renaissance-Rathaus und barocke Bürgerhäuser sind gut erhalten, Zeichen verstärkten Fremdenverkehrs, den der zweite Stausee zwischen Ottmachau und Neisse anzieht.

229 KALKAU Kr. Neisse. Die PFARRKIRCHE St. Georg, ehemals St. Maria, ist ein blockhaft geschlossener Backsteinbau, eine imponierende frühe Schöpfung aus der Mitte des 13. Jh. Im Vordergrund steht der zinnenbewehrte Westturm, an ihn schließen sich ein Querhaus und ein einschiffiges Langhaus an. Die Kirche wurde 1931 eingehend restauriert. Daraus erklärt sich der noch als ganz gut anzusprechende Erhaltungszustand. Kalkau gehört zu den Dörfern südlich und östlich der Neiße, die im 13. Jh. im Grenzhag angelegt wurden, der das ganze Bistum Breslau umgab. 66 „sehr große deutschrechtliche Dörfer" beanspruchte hier Herzog Heinrich IV. in einem Rechtsstreit gegen Bischof Thomas II. und ließ sie sich durch ein Hofgericht zusprechen.

230 ZIEGENHALS Kr. Neisse. Die katholische Pfarrkirche St. Lorenz ist ein Neubau unter Fürstbischof Franz Ludwig (1729). Ein von der ersten Kirche übernommenes Portal weist auf die Frühzeit der Besiedlung hin. Auch der Name der Kirche hält die Erinnerung an Bischof Lorenz fest, der um 1220 die deutschen Siedler hier zum Schutze des Neisser Bischofslandes gegen den im Grenzwald vordringenden mährischen Markgrafen ansetzte. Die Grenz- und Weichbildstadt erlebte im 20. Jh. als bekanntes Bad einen Aufschwung, von dem heute kaum noch etwas spürbar ist.

231 NEISSE, einst das SCHLESISCHE ROM genannt, war seit der Gründung um 1220 durch das Bistum Breslau der weltliche Sitz der Fürstbischöfe und Zentrum der Besiedlung des Bischofslandes und führte wirtschaftlich durch Tuchmacherei, Leinen- und Weinhandel. Die Stadt besaß die schönsten Bauwerke Oberschlesiens aus sechs Jahrhunderten. Hiervon gehört das Bild des Ringes mit den alten Bürgerhäusern und dem 99 m hohen Rathausturm der Vergangenheit an. Nach einer im Turmknopf vorgefundenen Urkunde erbaute ihn Hans Kangenstein 1499. Mit seiner nadelschlanken Spitze bot er unter den im weiten Land vorherrschenden Rathaustürmen der Renaissance- und Barockzeit mit ihren elegant geschwungenen und durchbrochenen Kuppeln das seltene Beispiel der Gotik bei einem Profanbau. Mit dem größten Teil der Altstadt fiel der Turm im März 1945 den Kriegseinwirkungen zum Opfer. Die Stadt wurde zu 80 v. H. zerstört.

232 NEISSE. Der SCHÖNE BRUNNEN – im Zweiten Weltkrieg sichergestellt – nimmt wieder seinen alten Platz zwischen Ring und Breslauer Torturm ein, der im ersten Jahrzehnt nach dem Krieg verwaist war. Er ist ein großartiges Werk barocker Schmiedekunst des Münzwerkmeisters und Hofschlossers Wilhelm Helleweg aus dem Jahre 1686. Über einem kreisrunden steinernen Brunnentrog erhebt sich das schmiedeeiserne Gehäuse in Gestalt eines Bienenkorbes, den oben eine Kuppel abschließt, die früher ein österreichischer Doppeladler krönte. Die Wandungen sind in reicher, aus der Spirale entwickelter Durchsteckarbeit ausgeführt. Das ihr verliehene flämische Recht machte die Stadt zum Oberhof des ganzen Bischofslandes.

233 NEISSE. Das KÄMMEREIGEBÄUDE galt vor seiner Zerstörung im März 1945 als das schönste profane Renaissancebauwerk Schlesiens. In der Erdgeschoßlaube stand einst die Stadtwaage, die sgraffitogeschmückten Obergeschosse krönte ein vierfach gestaffelter Giebel. Die Stadt errichtete das Gebäude 1604 für den Handel, der schon einhundert Jahre zuvor in hoher Blüte stand. Den Hauptanteil hatten Garn und Leinen, ferner österreichische und ungarische Weine, für die die Stadt ein bedeutender Stapelplatz für den Vertrieb nach Norden war. Die geistige Kultur stand hinter dem Wohlstand nicht zurück: 1417 hatte die Pfarrschule bei St. Jacobus den Charakter eines Gymnasiums erhalten. Während der Reformation verlagerte die Diözese ihren Mittelpunkt von Breslau nach Neisse.

234 NEISSE. Am RING erfreut das in seinen Grundformen wiederhergestellte Kämmereigebäude, ohne den Sgraffito- und Figurenschmuck. An der Fassade vermag es freilich kaum eine Vorstellung von seiner einstigen künstlerischen Vielfalt zu vermitteln. Dagegen hat die St. Jacobikirche durch Wiederaufbau des 1945 abgebrannten Dachstuhls, des zerstörten Giebels und Hohen Chores ihre beherrschende Stellung am Ring und im Stadtbild wiedererlangt. Der freistehende Glockenturm aus Granitquadern war weniger beschädigt. Bereits 1516 hatte man ihn bei vier Stockwerken belassen.

235 NEISSE. Die St. JACOBIKIRCHE nimmt unter den ostdeutschen Kirchenbauten der Gotik einen bedeutsamen Platz ein. Der Besucher ist beeindruckt von der Großräumigkeit und Weite des dreischiffigen Kirchenraumes. Er wurde wiederhergestellt, eine beachtliche Leistung der polnischen Restaurateure. Freilich wurde dabei nur nachvollzogen, was einst von 1401–1430 in erstaunlich kurzer Zeit durch Meister Peter von Frankenstein unter Mithilfe der Bevölkerung künstlerisch und bautechnisch vollendet worden war. Den gewaltigen Dachstuhl errichtete 1554 Meister Michel.

236 NEISSE,
ST. JACOBUS. Die neugotische Vorhalle mit dem Doppelportal hatte den Brand überstanden. Das zeigen an den Seitenwänden der Eingänge mehrere alte Epitaphe, deren Schriftzeichen noch lesbar sind. Ebensolche entdeckt der deutsche Besucher noch an den Außenwänden der Kirche, die dem Feuer standhielten. Für die intensiven kulturellen Bindungen nach Böhmen spricht der Vergleich mit der noch von Peter Parler begonnenen Barbarakirche in Kuttenberg (Hans Lutsch). Die Maße der Kirche rechtfertigen ihren Ruf als einzigartiges Bauwerk: Die Höhenmaße von 28 m übertreffen noch die Dorotheenkirche in Breslau und die Marienkirche in Danzig, die lichte Raumlänge beträgt 64,5 m, und der 23 m hohe Dachstuhl bestimmt das Stadtbild.

237 NEISSE. Üppig und kraftvoll ist die Innenraumgestaltung der zweitürmigen KIRCHE DER KREUZHERREN zum Hl. Grabe. Auf dem Gang der oberen Empore offenbart sich eine charakteristische Besonderheit der barocken Baukunst in Schlesien: „die Tendenz der Übersteigerung durch Häufung der Motive, hier der Verkröpfung der übertriebenen Profilschichtungen der Gesimse“ (Grundmann). Der Breslauer Fürstbishof Franz Ludwig stellte dem Orden nacheinander seine beiden Hofbaumeister Michael Klein und Felix Hammerschmidt zur Verfügung, die hier als Ausdruck des erstarkten Lebensgefühls der katholischen Kirche eines der schönsten Gotteshäuser Schlesiens im Barockstil schufen.

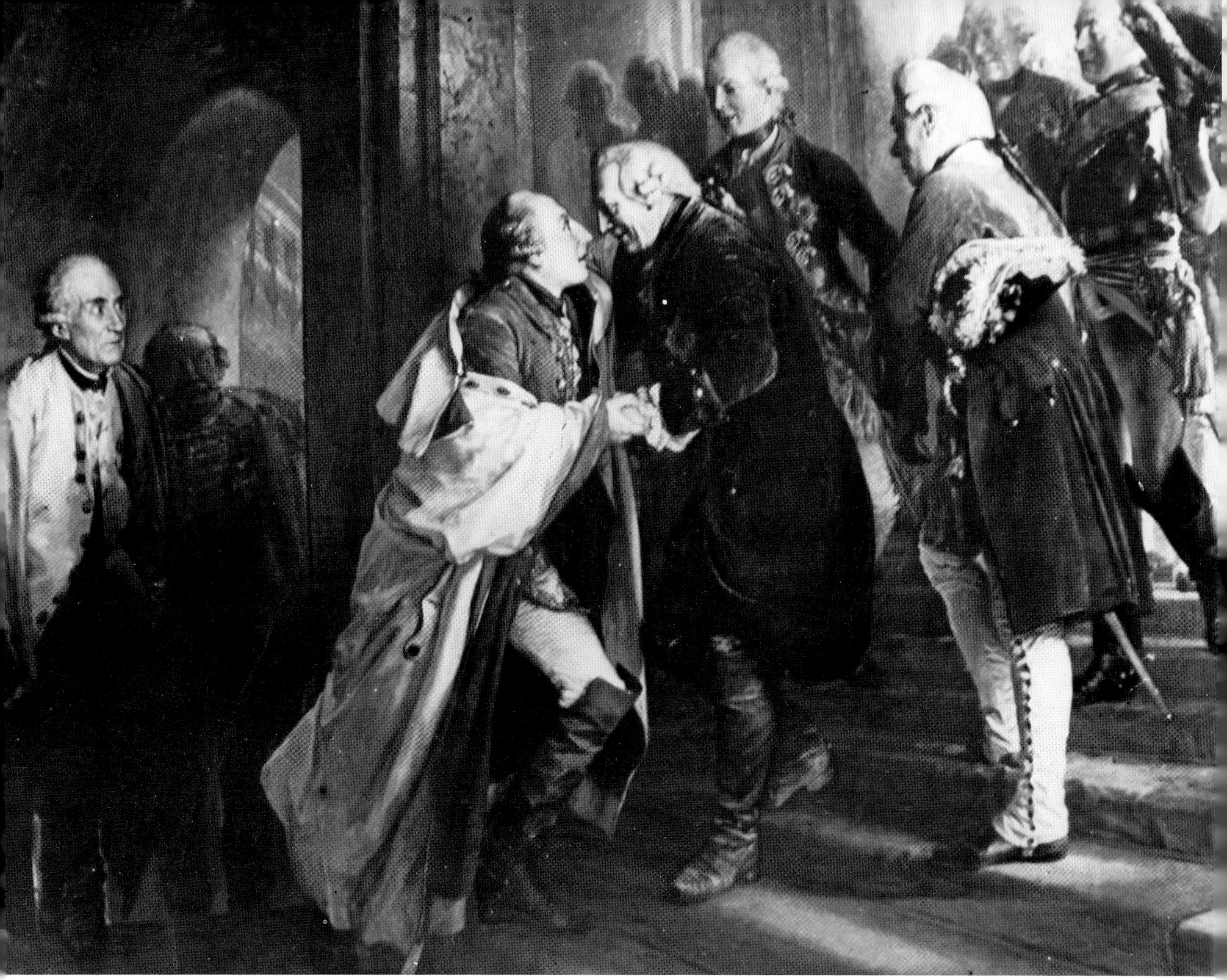

238 Adolph von Menzel, BEGEGNUNG FRIEDRICHS d. Gr. mit JOSEPH II. Der in Breslau geborene Maler wurde Berlins populärste Künstlerpersönlichkeit des ausgehenden 19. Jh. Das 1857 entstandene Bild hielt einen historischen Augenblick fest: Der Preußenkönig empfängt im Fürstbischöflichen Palais in Neisse den Sohn seiner Gegnerin, der ihn als Vorbild eines aufgeklärten Monarchen verehrt und sich mit ihm aussöhnt (28. 8. 1769). Das bedeutete den endgültigen Abschied Schlesiens von Österreich und Böhmen, denen das Land vier Jahrhunderte lang zugehörte.

239 NEISSE. Die Grabdenkmäler des bedeutendensten Dichters der deutschen Romantik und seiner Gemahlin auf dem Jerusalemer Friedhof sind wieder gepflegt. In Lubowitz bei Ratibor geboren, verbrachte Eichendorff seinen Lebensabend in Neisse. Seine schlesische Abstammung und das Erlebnis der Jugend in den oberschlesischen Wäldern haben seinen Lebensweg bestimmt. Sein Alltag war eingebettet in den Tageslauf eines pflichtbewußten Regierungsrates der Kulturverwaltung; tiefe Religiosität und heitere österreichische Lebensart beflügelten seine dichterische Phantasie.

240 STREHLITZ
Kr. Schweidnitz. Im Sommer 1981, abseits auf dem alten Friedhof, überkommt den Besucher am Grabe eines unbekannten Schlesiers die Trauer um alle, die in der Heimat blieben und um diejenigen, deren Gräber unerreichbar wurden, schließlich auch um die Heimat selbst. Der vorliegende Band möchte aus dem großen kulturellen Erbe ein Teilgebiet aufleuchten lassen: den vertriebenen Schlesiern zum Trost, zur Freude und zur Vertiefung der Erinnerung, den nachfolgenden Generationen zur Erbauung und zum Ansporn. Dann bleiben wir miteinander immer „nach Schlesien unterwegs!“

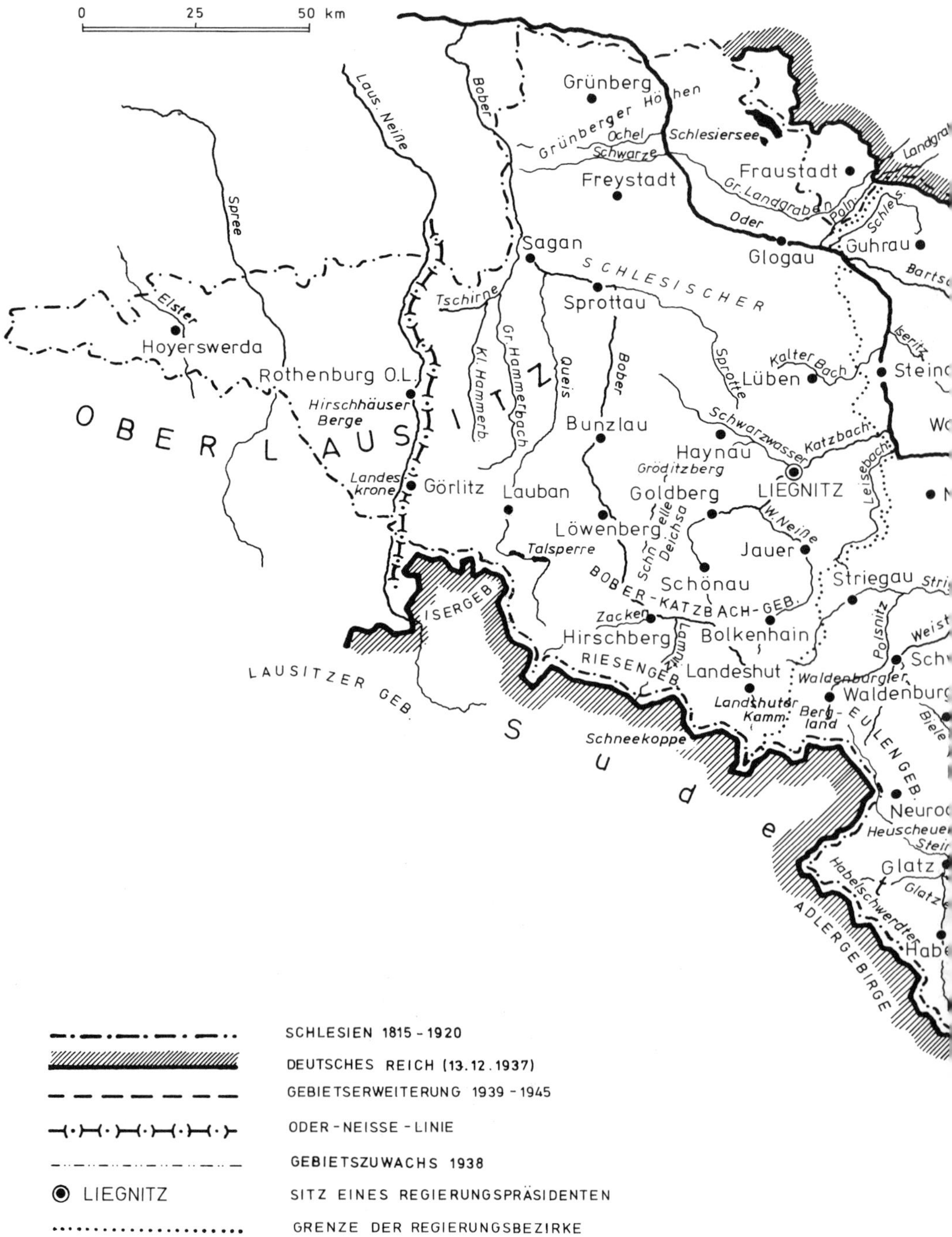
0 25 50 km
Grünberg
Grünberger Höhen
Ochel
Schwarze
Schlesiersee
Fraustadt
Freystadt
Gr. Landgraben
Oder
Schles
Glogau
Guhrau
Bober
Laus. Neiße
Spree
Sagan
SCHLESISCHER
Sprottau
Tschirne
Elster
Hoyerswerda
Rothenburg O.L.
Hirschhäuser Berge
Kl. Hammerb.
Gr. Hammerbach
Queis
Bober
Sprotte
Kalter Bach
Lüben
Bunzlau
Schwarzwasser
Katzbach
Haynau
Gröditzberg
OBER LAUSITZ
Landeskrone
Görlitz
Lauban
Goldberg
LIEGNITZ
Leisebach
Löwenberg
Schnelle Deichsa
W. Neiße
Jauer
Talsperre
Schönau
Striegau
BOBER-KATZBACH-GEB.
Zacken
Polsnitz
Hirschberg
Bolkenhain
ISERGEB.
RIESENGEB.
Landeshut
Waldenburger Bergland
Waldenburg
Landshuter Kamm
LAUSITZER GEB.
EULENGEB.
Schneekoppe
Sudet
Heuscheuer
Glatz
Habelschwerdter
ADLERGEBIRGE
SCHLESIEN 1815 - 1920
DEUTSCHES REICH (13.12.1937)
GEBIETSERWEITERUNG 1939 - 1945
ODER-NEISSE-LINIE
GEBIETSZUWACHS 1938
LIEGNITZ
SITZ EINES REGIERUNGSPRÄSIDENTEN
GRENZE DER REGIERUNGSBEZIRKE